TERAPIA
COM DEUS

O LUGAR ONDE SUAS DORES FALAM...
E DEUS RESPONDE

Direção Geral
Adriel Penkal Ribeiro

Coordenador Editorial
Giovanna Felipe

Preparador
Silas Silva

Assistente Editorial
Matheus Barrera

Revisão
João Esteves

Projeto Gráfico & Diagramação
Karim Kusunoki Muraki

Capa
Karim Kusunoki Muraki

Dados Internacionais de Catalogação na Publicação (CIP)
(Câmara Brasileira do Livro, SP, Brasil)

Terapia com Deus /organização Editora Penkal. -- Londrina, PR : Livrarias Família Cristã, 2025.

ISBN 978-65-277-0422-5

1. Cristianismo 2. Cura pela fé 3. Deus (Cristianismo) - Adoração e amor 4. Fé 5. Oração 6. Vida espiritual I. Editora Penkal.

25-275256 CDD-248.3

Índices para catálogo sistemático:

1. Deus : Adoração : Cristianismo 248.3

Eliete Marques da Silva - Bibliotecária - CRB-8/9380

Esta obra foi desenvolvida pela Editora Penkal.

R. Antônio Sabino, 203 - Parque Industrial - Ibiporã - PR
www.livrariasfamiliacrista.com.br

TERAPIA
COM DEUS

SUMÁRIO

01 MÊS
IDENTIDADE: QUEM EU SOU EM DEUS

02 MÊS
ANSIEDADE E DESCANSO

03 MÊS
RELACIONAMENTOS FERIDOS

04 MÊS
SOLIDÃO E PERTENCIMENTO

09
MÊS
LUTO E ESPERANÇA

10
MÊS
CULPA INJUSTA E PERDÃO INTERIOR

11
MÊS
VERGONHA E DIGNIDADE RESTAURADA

12
MÊS
PROPÓSITO, CHAMADO E VIDA PLENA

INTRODUÇÃO

Este livro foi pensado como uma jornada de autoconhecimento onde cada capítulo funciona como uma sessão terapêutica entre você e Deus. Não se trata de um manual de respostas rápidas, mas de um convite à escuta, à reflexão e ao encontro profundo com o Pai que conhece cada detalhe da sua alma.

Inspirado na estrutura de um processo terapêutico, é dividido em 12 capítulos temáticos, e cada capítulo contém 4 partes, que simbolizam as semanas de um mês. A proposta é que você percorra este conteúdo em 48 semanas, como se fosse a cada semana a uma sessão de cuidado e verdade — não num consultório, mas no secreto da sua vida com Deus.

A cada semana, você será conduzido a olhar para si mesmo com mais coragem e gentileza. Vamos tratar de medos, culpas, comparações, perdas, chamadas e descobertas. A Bíblia será o nosso espelho e a graça, nossa companhia constante. Além disso, ao longo do caminho, exercícios práticos e reflexivos ajudarão a aplicar a verdade vivida na rotina.

Este é um livro para ser vivido devagar. Um convite para abrir o coração, permitir que as lágrimas caiam onde for necessário, e deixar que o Espírito Santo ilumine lugares que talvez estejam há tempos escondidos. Ele será seu conselheiro fiel.

Você não está sozinho. Esta jornada será feita de mãos dadas com aquele que te criou, te vê, te escuta e continua escrevendo com amor cada linha da sua história. Que este seja um reencontro com quem você é em Deus — e com a plenitude que só ele pode oferecer.

01
MÊS

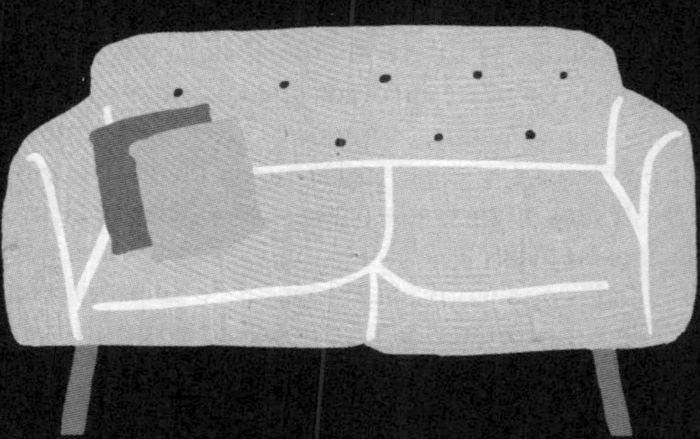

PROPÓSITO, CHAMADO E VIDA PLENA

01 SEMANA

Vivemos em uma época marcada por profundas crises de identidade. A sociedade atual, com seus valores constantemente mutáveis, nos bombardeia com expectativas inalcançáveis sobre quem deveríamos ser, como deveríamos nos comportar, o que deveríamos conquistar. Redes sociais, programas de televisão, padrões estéticos e modelos de sucesso nos são impostos desde cedo, como se houvesse um roteiro ideal de vida que todos tivessem que seguir.

O filósofo contemporâneo Zygmunt Bauman, por exemplo, fala de uma "modernidade líquida", em que tudo muda muito rapidamente, inclusive as relações humanas e a percepção de si mesmo. Nessa fluidez, a identidade também se torna líquida — maleável, instável e muitas vezes angustiante. Da mesma forma, Byung-Chul Han destaca o sofrimento psíquico causado por uma sociedade que exige performance constante e individualismo extremo, levando ao que ele chama de "sociedade do cansaço". Essas ideias nos ajudam a compreender por que tantas pessoas hoje se sentem perdidas, exaustas e sem um senso claro de quem são.

Essa pressão constante nos leva a buscar uma identidade baseada na aprovação alheia, em aparências e em desempenhos. Não raro, as pessoas se definem por suas profissões, seu corpo, suas conquistas acadêmicas ou financeiras. Quando uma dessas áreas sofre um abalo, a pessoa inteira parece ruir, como se sua existência estivesse ancorada apenas naquilo. Essa forma de viver cria seres humanos fragmentados, cansados e carentes de sentido duradouro.

O problema é que, ao buscar nossa identidade em fontes instáveis, acabamos frustrados. O sucesso é passageiro, a beleza é efêmera, a opinião dos outros muda constantemente. Nessas condições, nunca nos sentimos suficientemente bons, amados ou seguros. Sentimentos de inferioridade, comparação constante, ansiedade e vazio interior tornam-se companheiros frequentes de quem vive nessa roda-viva.

Em meio a essa confusão, o evangelho nos oferece um convite radical: encontrar nossa identidade em algo (ou melhor, em Alguém) que nunca muda. Em um mundo de incertezas, Deus nos apresenta uma verdade inabalável: somos seus filhos. Essa identidade não se baseia em performance, nem em merecimento. Ela é fruto de um amor incondicional, revelado por meio de Jesus.

"Contudo, aos que o receberam, aos que creram em seu nome, deu-lhes o direito de se tornarem filhos de Deus".

(João 1:12)

Essa afirmação transforma tudo. Ela nos convida a parar de buscar valor em fontes externas e começar a viver a partir da verdade de que já somos amados e aceitos. Em vez de lutar para sermos "alguém", podemos descansar no fato de que já somos filhos de Deus. Isso nos liberta da comparação, da ansiedade e do medo de rejeição.

No entanto, aceitar essa identidade nem sempre é fácil. Envolve desconstruir mentiras que ouvimos por anos, romper com padrões culturais e permitir que Deus nos mostre quem realmente somos. É um processo terapêutico que exige entrega, constância e vulnerabilidade.

Nesta primeira semana de nossa caminhada, o convite é para olhar para dentro e refletir: onde você tem buscado sua identidade? O que tem definido seu valor? Em que medida você tem vivido a partir do olhar de Deus ou a partir das expectativas do mundo?

Em meio a uma sociedade que nos define por conquistas, aparências e aprovações passageiras, o evangelho nos devolve ao essencial: nossa identidade não está no que fazemos, mas em quem pertencemos. Ser filho de Deus é a âncora segura em um mundo que vive à deriva.

EXERCÍCIO
PRÁTICO DA SEMANA

- **Reserve um tempo em silêncio com Deus e pergunte: "Senhor, quem sou eu para ti?"**
- **Anote todas as palavras, versículos ou imagens que vierem à sua mente durante esse momento.**
- **Releia João 1:12 diariamente e declare em voz alta: "Sou filha de Deus, amada, aceita e segura em Cristo." Sempre que se sentir tentada a se comparar ou a duvidar do seu valor, volte para essa verdade.**
- **A identidade em Deus é o alicerce de uma vida plena. E essa jornada começa agora.**

02 SEMANA

Se na primeira parte exploramos a crise da identidade, nesta segunda semana avançamos para a construção da verdade: quem realmente somos aos olhos de Deus. É preciso substituir as mentiras que nos foram ensinadas por uma nova narrativa fundamentada na Palavra.

Henri Nouwen, teólogo e psicólogo cristão, certa vez escreveu: "Você não é o que faz. Você não é o que os outros dizem sobre você. Você é o amado de Deus." Essa afirmação ecoa diretamente os ensinamentos bíblicos sobre nossa identidade. Antes de qualquer ação, título ou desempenho, somos amados. E esse amor não é condicional — ele é o ponto de partida da nossa existência.

Quando Jesus foi batizado, a voz do Pai declarou: "Este é o meu Filho amado, em quem me agrado" (Mateus 3:17). Essa declaração aconteceu antes mesmo de Jesus iniciar seu ministério público, antes de realizar milagres, curar pessoas ou pregar. Isso nos ensina que o amor do Pai não é uma recompensa por performance, mas uma afirmação de identidade. E essa mesma identidade é concedida a todos os que estão em Cristo.

A verdade de que somos filhos amados precisa ser mais do que uma frase bonita. Ela precisa ser uma verdade encarnada em nosso cotidiano. Mas, para isso, devemos permitir que essa verdade substitua as crenças distorcidas que carregamos. Pensadores como Carl Rogers, pai da abordagem centrada na pessoa, defendem que a aceitação incondicional é essencial para o desenvolvimento saudável do ser humano. O evangelho nos oferece essa aceitação de maneira plena e eterna.

Deus nos ama porque ele é amor (1 João 4:8). Esse amor é a base para nos relacionarmos conosco e com os outros. Quando entendemos que somos amados, conseguimos amar também. Quando sabemos que pertencemos, não precisamos mais competir por atenção ou aprovação.

Você não precisa conquistar o amor de Deus — ele é o ponto de partida, não a linha de chegada. Em um mundo que exige provas para dar valor, o evangelho nos revela uma verdade libertadora: somos amados antes de fazer, aceitos antes de provar, escolhidos antes de sermos vistos.

EXERCÍCIO

PRÁTICO DA SEMANA

- Leia Mateus 3:17 e substitua o nome de Jesus pelo seu, como um lembrete pessoal: "Este é minha filha amada, em quem me agrado."
- Anote todas as mentiras que você já acreditou sobre quem você é. Em seguida, escreva uma verdade bíblica que a substitua.
- Medite diariamente em Romanos 8:38-39 e agradeça pelo amor que nada pode separar.
- Olhe-se no espelho ao final do dia e diga: "Eu sou filha amada de Deus, e isso nunca muda."
- A verdade sobre nossa identidade é libertadora. Quando a aceitamos, podemos caminhar com leveza e segurança, mesmo diante dos desafios da vida. Você é filha amada. E isso basta

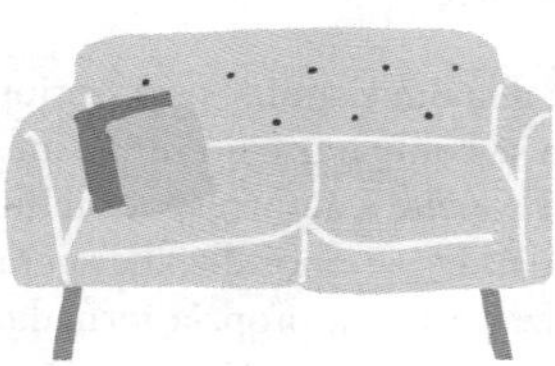

03 SEMANA

A comparação é um dos mecanismos mais sutis e destrutivos que afetam nossa identidade. Desde cedo, aprendemos a nos medir pela régua do outro: notas escolares, aparência física, talentos, número de seguidores, conquistas profissionais ou afetivas. A cultura do desempenho e da visibilidade nos empurra para um ciclo de comparação constante, onde quase sempre nos sentimos aquém, insuficientes ou "atrasadas" em relação a alguém.

A escritora e palestrante Brené Brown afirma que "a comparação é o ladrão da alegria". Esse tipo de pensamento, segundo ela, gera vergonha, paralisação e bloqueia o florescimento da verdadeira autenticidade. Quando nos comparamos com os outros, esquecemos que cada pessoa carrega um contexto, uma história e um chamado únicos. Somos diferentes, e isso é intencional. Deus não comete erros ao criar — cada um de nós foi moldado com propósito.

A Bíblia nos lembra disso em diversas passagens. No Salmo 139, o salmista declara: "Tu criaste o íntimo do meu ser e me teceste no ventre de minha mãe. Eu te louvo porque me fizeste de modo especial e admirável" (Salmo 139:13-14). Essa afirmação não é apenas um elogio à criação divina, mas também um convite à aceitação pessoal. Deus não nos compara. Ele nos conhece individualmente e nos ama assim como somos.

No entanto, é comum que nossas inseguranças pessoais alimentem a comparação. A psicologia contemporânea aponta que a base da insegurança está, muitas vezes, em mensagens internalizadas durante a infância ou em traumas vividos ao longo da vida. Essas vozes internas nos dizem que "não somos bons o bastante", que "precisamos ser como fulano" ou que "nunca vamos conseguir".

A boa notícia é que a Bíblia nos ensina a renovar a mente (Romanos 12:2). Isso significa reprogramar nossos pensamentos com a verdade do evangelho. Em vez de nos rendermos às vozes da insegurança, podemos aprender a ouvir a voz do Pai, que nos chama por nome e nos afirma como filhos queridos. Ao nos lembrarmos de quem somos nele, encontramos segurança, mesmo quando nossas circunstâncias parecem gritar o contrário.

O apóstolo Paulo, em Gálatas 6:4, aconselha: "Cada um examine os próprios atos, e então poderá orgulhar-se de si mesmo, sem se comparar com ninguém". Isso não é um incentivo ao orgulho vazio, mas um convite à autorresponsabilidade e à valorização do nosso próprio processo. Quando paramos de olhar para o que o outro está fazendo e começamos a valorizar a nossa própria jornada, encontramos paz e gratidão.

Não se trata de negar nossas vulnerabilidades ou fingir que não nos sentimos inseguras, mas de aprender a lidar com esses sentimentos com compaixão e fé. Autores como Kristin Neff, que estuda a autocompaixão, ensinam que devemos tratar a nós mesmos como trataríamos um amigo querido: com empatia, paciência e bondade. E é exatamente assim que Deus nos trata.

Jesus nunca exigiu perfeição de seus discípulos. Ele os chamou com suas limitações, inseguranças e até mesmo falhas evidentes. Ainda assim, os capacitou e os amou profundamente. Ele fez o mesmo com mulheres como Maria Madalena, Marta, a mulher samaritana e tantas outras. Isso nos mostra que nossas inseguranças não anulam nossa identidade — *apenas revelam o quanto precisamos da graça.*

Quando trocamos a comparação pela aceitação e a insegurança pela confiança no amor de Deus, damos passos rumo a uma vida mais leve, verdadeira e cheia de paz. A jornada é única — e ela está exatamente onde Deus quer que você esteja agora.

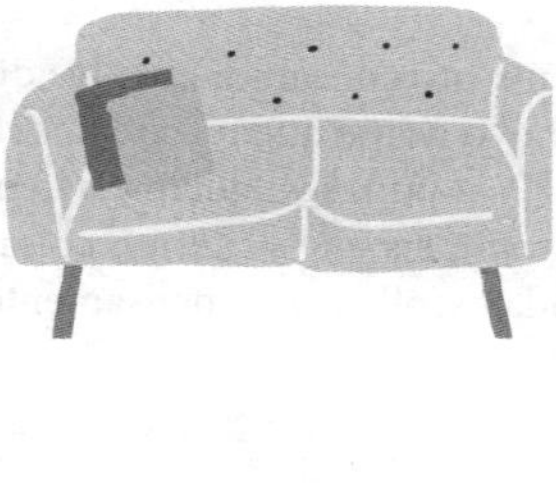

EXERCÍCIO
PRÁTICO DA SEMANA

- Faça uma lista das pessoas com quem você costuma se comparar. Escreva o que admira nelas e, em seguida, reflita sobre qual aspecto da sua própria história Deus está construindo.
- Leia Gálatas 6:4 e reflita: em que áreas da sua vida você pode encontrar gratidão sem precisar se comparar?
- Escreva uma carta para si mesmo, falando como Deus falaria: com amor, verdade e encorajamento. Leia essa carta diariamente.
- Pratique a autocompaixão sempre que uma insegurança surgir. Respire fundo, ore e declare: "Sou filho amado de Deus, e ele me sustenta com sua graça."

04 SEMANA

Chegamos à última etapa deste primeiro capítulo da nossa jornada terapêutica com Deus. Depois de refletirmos sobre a crise de identidade, sobre a verdade de sermos filhos amados e sobre como lidar com comparações e inseguranças, é hora de darmos um passo em direção à integração de tudo isso: abraçar, de forma prática e profunda, nossa identidade em Cristo.

Abraçar uma identidade não é apenas saber algo racionalmente, mas permitir que essa verdade molhe o coração, transforme atitudes, reorganize pensamentos e influencie decisões. Isso leva tempo, requer intenção e disposição para confrontar mentiras internas — aquelas que nos fizeram acreditar que somos pequenos, ineficazes, indignos ou invisíveis.

O teólogo e pastor Tim Keller afirmava que a identidade cristã é uma das únicas que não é baseada no mérito pessoal, mas em graça recebida. Enquanto o mundo constrói a identidade sobre aquilo que fazemos, conquistamos ou possuímos, o evangelho diz que somos quem somos por causa do que Cristo fez. Isso tira um peso enorme das nossas costas. Não precisamos mais provar nada. Não precisamos competir por amor. Somos livres para viver com gratidão e segurança.

A carta de Paulo aos Colossenses reforça essa verdade: "Pois vocês morreram, e agora a sua vida está escondida com Cristo em Deus" (Colossenses 3:3). Essa "vida escondida" simboliza um lugar de proteção, pertencimento e alicerce. Quando estamos em Cristo, não somos mais definidas por nossos erros, fracassos ou limitações. Somos definidas por ele: justos, amados, escolhidos, santificados.

A psicologia atual também reconhece o valor de uma identidade bem estruturada para o bem-estar emocional. Viktor Frankl, psiquiatra austríaco e sobrevivente do Holocausto, dizia que o ser humano precisa de um sentido maior para viver. Ele defendia que a perda do sentido gera vazio existencial e angústia. Em Cristo, encontramos não apenas sentido, mas também direção, propósito e segurança.

Abraçar a identidade em Cristo é, portanto, um ato contínuo. Envolve dizer "não" às antigas narrativas e dizer "sim" ao novo nome que recebemos. É como o processo descrito em 2 Coríntios 5:17: "Portanto, se alguém está em Cristo, é nova criação. As coisas antigas já passaram; eis que surgiram coisas novas!" Essa novidade de vida se manifesta a cada escolha, cada pensamento renovado, cada passo de fé.

Isso não quer dizer que nunca mais teremos dúvidas ou dias difíceis. Mas quer dizer que temos onde nos ancorar quando tudo parecer desmoronar. E esse lugar é a certeza de que pertencemos a um Deus que nos chama de filhos e caminha ao nosso lado.

Também é importante destacar que abraçar a identidade em Cristo nos chama a viver de forma alinhada com essa verdade. Significa abandonar máscaras, parar de tentar agradar a todos e viver com autenticidade e propósito. Significa se posicionar com amor, mas com firmeza, mesmo quando o mundo tentar moldar você de outra forma.

Você é filho. Você pertence. Você é amado.

EXERCÍCIO
PRÁTICO DA SEMANA

- Escreva uma declaração de identidade com base nas Escrituras. Exemplo: "Sou nova criatura em Cristo, filho amado do Pai, redimido e fortalecido pela graça."
- Leia essa declaração todos os dias desta semana, pela manhã e antes de dormir. Reforce em voz alta.
- Identifique atitudes, relações ou hábitos que não refletem sua identidade em Cristo. Ore e peça sabedoria para reposicioná-los.
- Reflita sobre o que significa viver como filho de Deus no seu dia a dia: nas suas palavras, decisões, prioridades e emoções. Faça anotações no fim da semana.
- Abraçar sua identidade em Cristo é um ato de fé, coragem e transformação. É o início de uma nova história — escrita não pelas suas falhas, mas pela graça que te sustenta e pela verdade que te define.

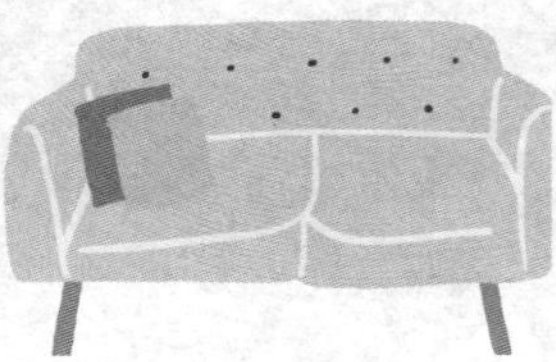

02
MÊS

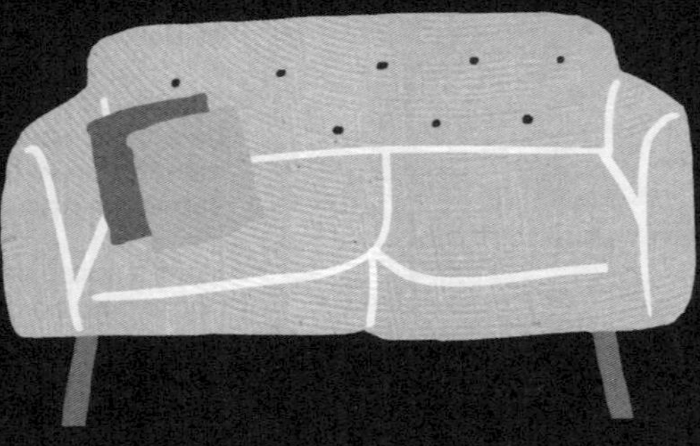

ANSIEDADE E DESCANSO

VIVEMOS ACELERADOS – O PESO DA PRODUTIVIDADE

05 SEMANA

Vivemos em uma era marcada pela velocidade. Tudo acontece depressa: as notícias chegam em segundos, as demandas são constantes, as mensagens não param. A produtividade virou um ídolo moderno. Sentimo-nos culpados por descansar, inseguros quando não estamos produzindo algo visível, e ansiosos por não conseguirmos acompanhar o ritmo imposto pela sociedade.

O filósofo sul-coreano Byung-Chul Han afirma que vivemos em uma "sociedade do desempenho", na qual o sujeito é pressionado a ser seu próprio algoz, cobrando de si mesmo resultados cada vez maiores. Essa lógica tem causado exaustão emocional, crises de *burnout*, ansiedade generalizada e até depressão. A ideia de que precisamos estar sempre ocupados nos afasta de nós mesmos, dos outros e de Deus.

O que era para ser trabalho se transformou em obsessão. O descanso virou luxo, quando na verdade é necessidade básica. Sentimos que, se pararmos, ficaremos para trás. Como resultado, carregamos uma culpa silenciosa por não sermos produtivos o tempo todo. Essa pressão não vem apenas de fora — muitas vezes vem de dentro: crenças limitantes, vozes do passado, feridas emocionais e, principalmente, a falta de compreensão de quem somos em Deus.

A Bíblia, no entanto, nos oferece um caminho diferente. Em Mateus 11:28-30, Jesus nos convida:

"Venham a mim, todos os que estão cansados e sobrecarregados, e eu lhes darei descanso. Tomem sobre vocês o meu jugo e aprendam de mim, pois sou manso e humilde de coração, e vocês encontrarão descanso para as suas almas."

Esse convite não é simbólico. É real. Jesus sabia das pressões que o mundo exerce sobre nós. Ele conhece nossas agendas lotadas, nossas preocupações constantes, nossa incapacidade de pausar sem culpa. E, mesmo assim, ele nos chama ao descanso. Mas não um descanso qualquer — um descanso que nasce da confiança. Descansar em Deus é mais do que dormir ou tirar férias; é entregar o controle, reconhecer nossos limites e lembrar que não somos definidos pelo que fazemos, mas por quem somos nele.

A teóloga e autora Ruth Haley Barton afirma que "o descanso sabático é um ato de resistência". Ao parar, declaramos que não somos máquinas, que nossa identidade está em Deus e que confiamos que ele continua operando mesmo quando nós não estamos ativos. Isso é profundamente libertador.

Muitos de nós estamos cansados porque tentamos carregar o mundo nas costas. A ansiedade nasce dessa tentativa de controlar o incontrolável. No entanto, Deus nos chama a confiar. Quando entendemos que ele cuida de nós, não precisamos mais nos provar. *Podemos desacelerar. Podemos respirar. Podemos viver.*

Descansar é um ato de fé. Em um mundo que exige pressa, escolher o descanso é escolher confiar. E confiar é o primeiro passo para vencer a ansiedade e reencontrar a paz.

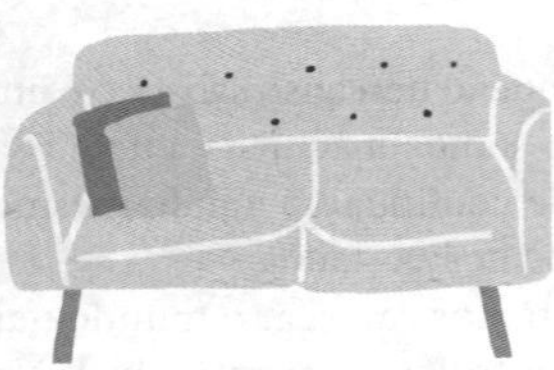

EXERCÍCIO
PRÁTICO DA SEMANA

- **Releia Mateus 11:28-30 e destaque as palavras que mais tocarem seu coração.**
- **Identifique áreas da sua vida onde você tem buscado performance e reconhecimento ao invés de graça e descanso.**
- **Separe um momento da semana (pelo menos uma hora) para descansar intencionalmente — sem culpa. Faça algo que te renove: orar, caminhar, escrever, ouvir música ou simplesmente ficar em silêncio com Deus.**
- **Escreva uma oração de entrega, confessando o desejo de desacelerar e confiar mais na provisão divina.**

06 SEMANA

JESUS E O CONVITE AO DESCANSO

"Venham a mim, todos os que estão cansados e sobrecarregados, e eu lhes darei descanso."

Essas palavras de Jesus, registradas em Mateus 11:28, ressoam como bálsamo para os nossos dias conturbados. Mais do que um versículo bonito, trata-se de um convite existencial, um chamado para trocar o fardo pesado da vida moderna pelo jugo leve de Cristo. Mas como aceitar esse convite na prática?

Primeiro, é preciso compreender a profundidade do que Jesus oferece. Ele não promete a eliminação de todo cansaço, mas o alívio verdadeiro para as nossas almas. A palavra usada aqui para "descanso" (no grego, anapausis) remete à ideia de refrigério, renovação interior, não apenas física. Isso significa que há um tipo de cansaço que o sono não resolve — é o cansaço da alma, da constante vigilância sobre tudo, da insegurança, da pressão de sempre dar conta.

O filósofo cristão Dallas Willard afirma que "o maior inimigo da vida espiritual hoje é a pressa". Quando estamos acelerados, não conseguimos ouvir a voz de Deus, nem perceber o que ele está fazendo em nós. A pressa destrói a conexão. Jesus, por outro lado, sempre caminhava com intencionalidade. Ele não era apressado, ainda que estivesse cercado por necessidades urgentes. Seu ritmo era guiado pela vontade do Pai, não pelas pressões da multidão.

Jesus também fala sobre o "jugo". Na agricultura, o jugo era uma peça de madeira colocada sobre dois bois para que caminhassem juntos, em harmonia. Ao usar essa metáfora, ele não está dizendo que não teremos mais trabalho ou responsabilidades. Mas sim que, ao caminhar com ele, o peso se torna suportável, porque não carregamos mais sozinhos. Ele está ao nosso lado, no mesmo passo, sustentando e conduzindo.

A psicologia contemporânea tem reconhecido a importância do descanso para a saúde mental. O excesso de estímulos, compromissos e metas irreais tem contribuído para o aumento de transtornos de ansiedade. Viktor Frankl, psiquiatra e sobrevivente do Holocausto, afirmou que quando perdemos o sentido, adoecemos. E uma das formas mais eficazes de recuperar o sentido é reencontrar o eixo — a centralidade da vida em algo maior que nós mesmos. No contexto cristão, esse "eixo" é a presença de Cristo.

Aceitar o convite de Jesus ao descanso é, muitas vezes, um ato de coragem. Significa nadar contra a corrente. Significa dizer "não" para algumas atividades, inclusive religiosas, para dizer "sim" ao encontro com Deus. É parar, mesmo com medo de ficar para trás. É silenciar, mesmo quando o mundo grita. É reconhecer: eu sou limitado, mas ele é suficiente.

O descanso em Jesus também nos ensina sobre mansidão e humildade. Jesus diz: "Aprendei de mim, que sou manso e humilde de coração." Em contraste com a sociedade que valoriza a autopromoção, Jesus nos convida à mansidão. Em contraste com a cultura da comparação, ele nos convida à humildade. E é nesse coração rendido que encontramos descanso.

Aceitar o convite de Jesus é confiar que há um lugar seguro para nossas angústias. É crer que ele não apenas vê o nosso cansaço, mas caminha conosco rumo à restauração. O descanso não é ausência de atividade, mas presença de sentido. E em Cristo, encontramos descanso para nossas almas.

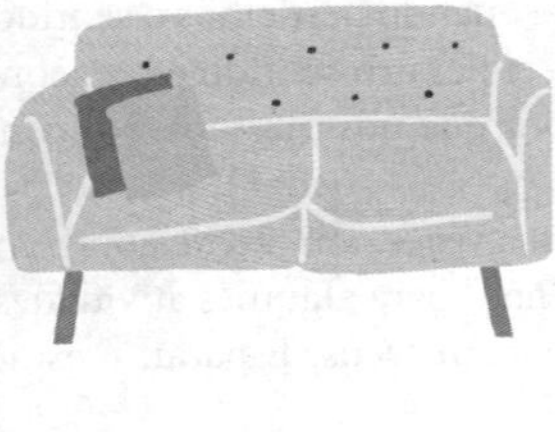

EXERCÍCIO
PRÁTICO DA SEMANA

- Escolha um horário específico para se retirar em silêncio por pelo menos 15 minutos por dia. Durante esse tempo, leia Mateus 11:28-30 e apenas respire, orando em silêncio.
- Reflita: qual "jugo" você tem carregado sozinho? Escreva e, em oração, entregue-o a Cristo.
- Pratique a presença de Deus em atividades simples: ao tomar café, ao caminhar, ao fazer uma tarefa cotidiana. Traga à mente a frase: "Jesus está comigo."
- Faça um jejum de pressa: escolha um dia para não correr. Caminhe mais devagar, fale com mais calma, não interrompa tarefas com distrações. Experimente o ritmo de Jesus.

CONFIAR NO AMANHÃ – APRENDENDO A ENTREGAR O CONTROLE

07 SEMANA

Uma das maiores fontes de ansiedade nos nossos dias é o desejo desesperado de controlar o amanhã. Queremos ter segurança sobre o que virá, desejamos antecipar soluções, prever dificuldades, organizar cada detalhe para evitar o sofrimento. No entanto, essa tentativa de controle absoluto se torna rapidamente um fardo. A incerteza é parte da vida — e quanto mais tentamos eliminá-la, mais ansiosos nos tornamos.

O psicólogo Jordan Peterson afirma que uma das fontes mais profundas de angústia humana é o caos inerente à existência. Ele sugere que precisamos aprender a nos posicionar com coragem diante da imprevisibilidade, sem tentar anular o desconhecido. A Bíblia, por sua vez, não apenas reconhece esse caos, mas nos oferece um caminho de paz em meio a ele: a confiança em Deus.

Jesus, no Sermão do Monte, aborda diretamente essa questão: "Portanto eu lhes digo: Não se preocupem com sua própria vida, quanto ao que comer ou beber; nem com seu próprio corpo, quanto ao que vestir. Não é a vida mais importante que a comida, e o corpo mais importante que a roupa? (...) Busquem, pois, em primeiro lugar o Reino de Deus e a sua justiça, e todas essas coisas lhes serão acrescentadas.." (Mateus 6:25,33)

Esse ensino é libertador e desafiador. Libertador porque nos convida a descansar na soberania de Deus; desafiador porque exige fé. Confiar no amanhã não é negligência, mas rendição. É compreender que, por mais que façamos planos, é Deus quem sustenta nossos dias. A escritora Elisabeth Elliot dizia: "A vontade de Deus nunca nos levará aonde a graça de Deus não possa nos sustentar."

Entregar o controle é, muitas vezes, um processo terapêutico de desapego. A psicologia chama isso de "aceitação ativa" — não se trata de passividade, mas de reconhecer os limites daquilo que podemos controlar e direcionar energia apenas ao que está ao nosso alcance. O restante, colocamos nas mãos daquele que tudo vê.

No Antigo Testamento, vemos inúmeros exemplos de homens e mulheres que precisaram confiar em Deus mesmo sem saber o que viria. Abraão saiu da sua terra sem saber para onde iria. Moisés enfrentou o faraó com apenas um cajado e a promessa de que Deus estaria com ele. Ester arriscou sua vida para interceder por seu povo. Todos eles enfrentaram o desconhecido, mas confiaram em um Deus conhecido.

A ansiedade pelo amanhã muitas vezes está enraizada em traumas passados ou decepções vividas. Por isso, entregar o controle requer cura. Requer revisitar lugares internos de medo, insegurança e desamparo, e permitir que a voz do Pai substitua essas narrativas. Como diz o Salmo 31:15: "Os meu futuro está nas tuas mãos." Essa é a oração de quem reconhece: eu não domino o tempo, mas conheço quem o criou.

Confiar no amanhã não significa saber o que virá, mas saber quem estará com você. Quando entregamos o controle, abrimos espaço para a paz que excede todo entendimento. Deus não prometeu eliminar os desafios do futuro, mas prometeu estar presente em cada um deles. E isso basta.

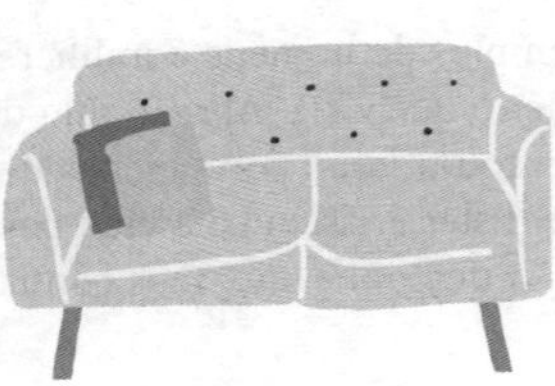

EXERCÍCIO
PRÁTICO DA SEMANA

- Leia Mateus 6:25-34. Substitua as preocupações citadas por aquelas que mais te afligem hoje. Reescreva o texto com suas palavras.
- Identifique em quais áreas da sua vida você tenta manter controle absoluto. Pergunte a si mesmo: "O que aconteceria se eu entregasse isso a Deus?"
- Escreva uma lista de orações entregues. Ao lado de cada item, desenhe uma mão aberta, simbolizando sua entrega.
- Escolha uma promessa bíblica sobre o cuidado de Deus (ex.: Isaías 41:10, Filipenses 4:6-7) e medite nela por cinco minutos ao acordar e antes de dormir.

08 SEMANA

Chegamos à última parte deste capítulo com um foco essencial: como cultivar, de forma prática, um coração em paz mesmo em meio às tempestades da vida? Se até aqui falamos sobre a aceleração do mundo, o convite de Jesus ao descanso e o ato de confiar no amanhã, agora é hora de olharmos para as ferramentas espirituais que Deus nos oferece para nutrirmos o descanso interior e enfrentarmos a ansiedade.

A espiritualidade cristã sempre ofereceu práticas milenares que, mais do que rituais, são exercícios de intimidade com Deus. Entre elas estão a oração, a meditação na Palavra, o silêncio, o jejum e a adoração. Essas práticas não são mágicas, mas formativas: moldam nossa mente, orientam nossos afetos e recalibram nossas prioridades.

A ciência contemporânea também tem se aproximado desses recursos. Diversos estudos apontam os benefícios da meditação e da oração para a redução dos níveis de cortisol (hormônio do estresse) e para o equilíbrio emocional. O neurocientista Andrew Newberg demonstrou que pessoas que oram ou meditam regularmente desenvolvem maior empatia, concentração e sensação de paz. Isso reforça o que a Bíblia já afirma há milênios: estar na presença de Deus renova nosso ser por completo.

O salmista declara: "Parem de lutar! Saibam que eu sou Deus" (Salmo 46:10). Essa ordem divina é uma convocação ao silêncio, à pausa, à contemplação. Em meio ao barulho da vida, precisamos parar intencionalmente para ouvir a voz de Deus. Richard Foster, teólogo e autor do clássico "Celebração da Disciplina", diz que o silêncio é a linguagem de Deus, e tudo o mais é má tradução.

Entre as práticas mais acessíveis e transformadoras está a oração. Mas, para além da oração mecânica ou ansiosa, há a oração relacional — aquela em que simplesmente nos colocamos diante de Deus como somos, sem máscaras, e falamos com ele como um Pai amoroso. Jesus nos ensinou isso quando disse: "Mas quando você orar, vá para seu quarto, feche a porta e ore a seu Pai, que está em secreto. Então seu Pai, que vê em secreto..." (Mateus 6:6).

Outra prática poderosa é a gratidão. Estudos mostram que cultivar a gratidão reconfigura nossa forma de enxergar a vida. Em 1 Tessalonicenses 5:18, Paulo nos exorta: "Deem graças em todas as circunstâncias". A gratidão não nega a dor, mas reposiciona nosso olhar — nos ajuda a ver o que permanece, mesmo quando muito se perde.

O louvor também acalma o coração. Quando adoramos, tiramos os olhos de nós mesmas e colocamos em Deus. Isso quebra o ciclo da preocupação e nos reposiciona no eixo da fé. Davi, em meio à perseguição, dizia: "Por que estás abatida, ó minha alma? Espera em Deus, pois ainda o louvarei" (Salmo 42:5).

O jejum, por sua vez, nos ensina a lidar com o controle e a ansiedade. Ao abrir mão de algo que nos dá prazer ou segurança, colocamos nossa confiança totalmente em Deus. O jejum ensina autocontrole, dependência e sensibilidade espiritual.

Essas práticas não precisam ser complexas ou longas. Podem começar com minutos por dia, com constância e coração sincero. O objetivo não é "fazer mais", mas "ser mais" com Deus. É permitir que ele nos transforme de dentro para fora.

Não há descanso real sem presença. E a presença de Deus é o lugar mais seguro onde podemos repousar. Que essas práticas se tornem, não mais uma obrigação, mas uma fonte contínua de renovação, paz e intimidade. Ele está perto. Basta abrir espaço.

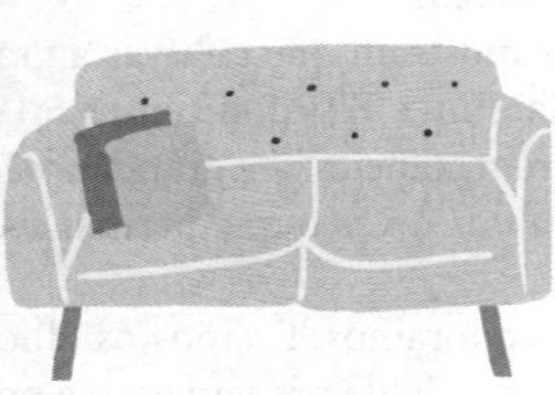

EXERCÍCIO
PRÁTICO DA SEMANA

- Escolha duas práticas espirituais para incorporar em sua rotina esta semana (ex.: oração + gratidão, ou leitura bíblica + silêncio).
- Reserve um horário fixo para essas práticas, mesmo que seja apenas 10 minutos por dia. Honre esse tempo como um encontro com o Pai.
- Mantenha um caderno devocional para registrar sentimentos, orações e aprendizados ao longo dos dias.
- Ao final da semana, escreva uma reflexão: "Como meu coração reagiu a esses momentos com Deus?"

03
MÊS

RELACIONAMENTOS FERIDOS

LIDANDO COM MÁGOAS E RESSENTIMENTOS

09 SEMANA

Feridas emocionais causadas por relacionamentos rompidos ou prejudicados são, muitas vezes, cicatrizes invisíveis que influenciam nosso comportamento, nossa fé e até nossa visão de Deus. A mágoa não é apenas uma lembrança do que aconteceu; ela se torna um peso emocional que carregamos, afetando novas relações, nossos pensamentos e nossa capacidade de confiar.

O psicólogo americano Lewis Smedes dizia: "Perdoar é libertar um prisioneiro e descobrir que o prisioneiro era você." Guardar ressentimento pode parecer uma forma de autoproteção, mas, na verdade, é uma prisão que sufoca nossa alma. A Bíblia nos alerta sobre isso: "Cuidem que ninguém se exclua da graça de Deus; que nenhuma raiz de amargura brote e cause perturbação..." (Hebreus 12:15).

Mágoas acumuladas muitas vezes se tornam raízes de amargura — sentimentos profundos que alteram nossa forma de ver as pessoas, gerar vínculos e até de nos relacionarmos com Deus. Como podemos entregar essa dor ao Senhor? Como podemos dar passos rumo à cura emocional?

Jesus é o nosso maior exemplo. Ferido por amigos, traído por discípulos, desprezado por aqueles que veio salvar, ainda assim, na cruz, ele orou: "Pai, perdoa-lhes, pois não sabem o que estão fazendo" (Lucas 23:34). Perdoar não é ignorar a dor, mas decidir não deixar que ela nos domine. Não se trata de fingir que nada aconteceu, mas de abrir mão do desejo de vingança e permitir que Deus trate o coração.

A psicologia contemporânea também valoriza o poder do perdão como ferramenta terapêutica. Segundo estudos conduzidos por Everett Worthington, especialista em terapia do perdão, o ato de perdoar contribui para a redução de estresse, depressão e problemas de saúde mental. Isso não significa que o perdão seja simples — é um processo que exige tempo, clareza e, muitas vezes, ajuda profissional.

Na prática, perdoar começa por nomear a dor. É preciso reconhecer o que foi ferido: a confiança, a dignidade, o amor. Depois, vem a decisão de seguir em frente sem carregar o outro emocionalmente, mesmo que isso não signifique reconciliação. A Bíblia diz: "Antes, sede uns para com os outros benignos, misericordiosos, perdoando-vos uns aos outros, como também Deus vos perdoou em Cristo" (Efésios 4:32).

Não estamos sozinhos nessa jornada. O Espírito Santo é o Consolador que nos ajuda a transformar mágoas em maturidade. O que hoje sangra pode, pela graça de Deus, se tornar testemunho de cura e redenção.

Caminhar com um coração livre de mágoas não é ignorar a dor, mas confiar que o Senhor é justo e que cuida de cada detalhe da nossa história. A cura começa quando deixamos Deus tocar o que foi ferido — *com paciência, verdade e amor.*

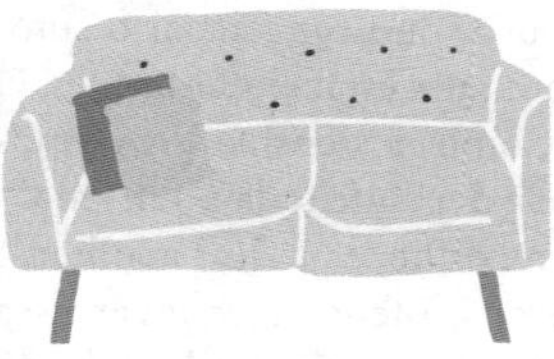

EXERCÍCIO
PRÁTICO DA SEMANA

- **Escolha duas práticas espirituais para incorporar em sua rotina esta semana (ex.: oração + gratidão, ou leitura bíblica + silêncio).**
- **Reserve um horário fixo para essas práticas, mesmo que seja apenas 10 minutos por dia. Honre esse tempo como um encontro com o Pai.**
- **Mantenha um caderno devocional para registrar sentimentos, orações e aprendizados ao longo dos dias.**
- **Ao final da semana, escreva uma reflexão: "Como meu coração reagiu a esses momentos com Deus?"**

10 SEMANA

O perdão é uma das tarefas mais desafiadoras da jornada cristã. Muitas vezes, ele nos parece impossível — como liberar alguém de uma dívida profunda e dolorosa sem ter recebido sequer um pedido de desculpas. Pedro, ao se aproximar de Jesus, levanta essa questão com um número até generoso: "Senhor, quantas vezes deverei perdoar a meu irmão quando ele pecar contra mim? Até sete vezes?" (Mateus 18:21). Jesus, no entanto, amplia radicalmente essa lógica: "Não até sete, mas até setenta vezes sete." (v.22)

Esse ensino não fala de matemática, mas de postura de coração. Perdoar "setenta vezes sete" é viver em um estado constante de libertação — não aprisionar o outro e, sobretudo, não aprisionar a si mesma no ciclo da dor. O perdão, na lógica do Reino, não é uma exceção, mas um estilo de vida.

A parábola que Jesus conta logo em seguida (Mateus 18:23-35) ilustra o contraste entre a grande dívida perdoada por Deus e as pequenas dívidas que relutamos em perdoar nos outros. Jesus nos confronta: se fomos perdoados de tanto, por que é tão difícil perdoar? A resposta muitas vezes está na dor mal resolvida, na dificuldade de abrir mão do controle, ou no desejo de justiça com as próprias mãos.

O teólogo Miroslav Volf argumenta que o perdão é um ato escandaloso porque desarma as lógicas do mundo — ele quebra o ciclo da violência, interrompe a revanche, e oferece uma nova chance. Para ele, perdoar é ecoar o caráter de Deus: um Deus que, mesmo sendo justo, escolhe o caminho da misericórdia. O perdão, portanto, não nega a justiça, mas a entrega ao justo juiz.

Na psicologia, o perdão é visto como uma escolha intencional que pode levar à cura de feridas emocionais profundas. Ele não exige esquecer, nem confiar novamente, mas significa libertar-se da escravidão emocional que o ressentimento impõe. O psiquiatra Thomas Moore afirma que o perdão é uma forma de cura espiritual: ao perdoar, deixamos de carregar o peso da história não resolvida e permitimos que a alma respire novamente.

No entanto, perdoar não significa permitir abusos ou negligenciar o autocuidado. É possível perdoar e manter distância, perdoar e estabelecer limites. O perdão não elimina a necessidade de sabedoria. Como nos ensina Provérbios 4:23: "Acima de tudo, guarde o seu coração,pois dele depende toda a sua vida."

A caminhada do perdão é feita em etapas: reconhecer a dor, acolher o sentimento, orar com sinceridade, decidir liberar a ofensa e renovar essa decisão quantas vezes forem necessárias. Às vezes, o coração ainda dói — e tudo bem. O importante é continuar entregando essa dor a Deus, confiando que ele está agindo.

Jesus nos chama a perdoar não para que o outro se sinta bem, mas para que nós sejamos livres. A cura começa quando liberamos perdão — mesmo com lágrimas, mesmo com dúvidas. Porque ao perdoar, abrimos espaço para que Deus complete sua obra em nós.

O perdão é o caminho de cura mais profundo que podemos trilhar. É pelo perdão que nos tornamos mais parecidas com Cristo. E é nele que encontramos a verdadeira liberdade.

EXERCÍCIO
PRÁTICO DA SEMANA

- Leia Mateus 18:21-35. Escreva quais pontos da parábola tocaram mais profundamente seu coração.
- Faça uma lista de pessoas ou situações que ainda causam dor emocional. Ore especificamente por cada uma, pedindo a Deus força para liberar perdão.
- Escreva uma carta para quem você precisa perdoar — mesmo que não a envie. Deixe que suas emoções fluam diante de Deus.
- Declare diariamente: “Assim como fui perdoada, escolho perdoar. Meu coração pertence ao Senhor, e ele é minha justiça.”

11 SEMANA

O perdão pode ser o primeiro passo da cura, mas restaurar vínculos requer outro tipo de maturidade: discernimento. Nem toda relação quebrada precisa ser reatada da mesma forma. Em alguns casos, restaurar o vínculo significa reconstruir uma relação com novos limites. Em outros, é aprender a se afastar com paz. A sabedoria, nesse contexto, é a chave para decidir quando e como seguir.

Jesus nos instrui sobre reconciliação em Mateus 18:15: "Se o seu irmão pecar contra você, vá e, a sós com ele, mostre-lhe o erro. Se ele o ouvir, você ganhou seu irmão." A iniciativa parte de quem foi ferido — não como uma imposição, mas como uma oportunidade de cura. No entanto, a escuta nem sempre acontece. Por isso, Jesus também orienta etapas posteriores, inclusive a possibilidade de afastamento (Mateus 18:16-17). Isso mostra que reconciliação é desejável, mas não sempre possível.

A sabedoria bíblica é relacional, mas também protetiva. O livro de Provérbios está repleto de orientações sobre com quem devemos caminhar: "Aquele que anda com os sábios será cada vez mais sábio, mas o companheiro dos tolos acabará mal" (Provérbios 13:20). Restaurar vínculos, portanto, exige discernimento espiritual: a relação me aproxima ou me afasta de Deus? Me constrói ou me corrói?

A psicologia contemporânea fala sobre relacionamentos tóxicos e sobre a importância de desenvolver habilidades socioemocionais como comunicação não violenta, escuta empática e assertividade. A autora Brené Brown, estudiosa da vulnerabilidade, lembra que a confiança é construída em pequenos atos e que, quando quebrada, só pode ser reconstruída com consistência e verdade. Isso exige tempo — e disposição de ambas as partes.

O processo de restauração também precisa considerar os próprios limites emocionais. Em Romanos 12:18, Paulo diz: "Façam todo o possível para viver em paz com todos." Isso significa que há relações que, por mais que desejemos, não poderão ser restauradas por completo — e tudo bem. O importante é fazer a nossa parte diante de Deus e deixar o restante nas mãos dele.

Reconstruir um relacionamento não é fingir que nada aconteceu. É criar um novo caminho a partir do arrependimento, do perdão e da responsabilidade. Isso exige diálogo honesto, abertura para escutar, e sobretudo, uma decisão conjunta de caminhar em direção à verdade. Quando isso acontece, vínculos são fortalecidos e amadurecidos.

Em outros casos, restaurar o vínculo pode significar apenas liberar a outra pessoa com bênção, mantendo uma distância saudável. Isso também é amor. Como disse C.S. Lewis: "Amar é vulnerável." Mas o amor verdadeiro também é sábio. Ele protege, respeita, honra limites e busca a paz.

Restauração é um processo que une graça e verdade. Quando feita com sabedoria e entrega, ela honra a Deus, cura feridas e edifica relacionamentos mais saudáveis. E mesmo quando a reconciliação plena não for possível, a paz interior é uma promessa real para quem caminha na luz.

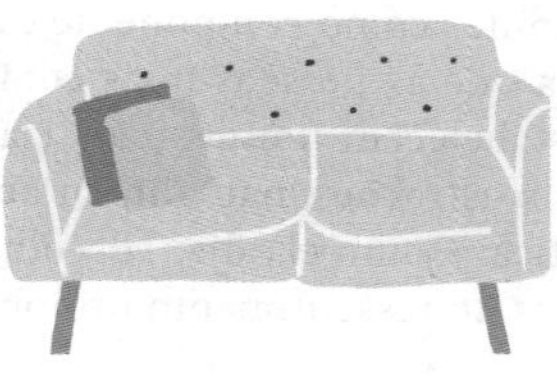

EXERCÍCIO
PRÁTICO DA SEMANA

- Reflita sobre um relacionamento ferido que você deseja restaurar. Ore pedindo discernimento: é seguro e saudável retomar esse vínculo?
- Leia Romanos 12:18. Anote o que depende de você e o que está fora do seu alcance nessa relação.
- Escreva uma carta de reconciliação — mesmo que não envie. Permita que Deus organize seus sentimentos e palavras.
- Estabeleça um pequeno passo possível: enviar uma mensagem, iniciar um diálogo, ou simplesmente abençoar a pessoa em oração, mesmo que ela esteja distante.

12 SEMANA

Colocar limites é uma das expressões mais sinceras de amor próprio e de respeito ao outro. Em contextos cristãos, muitas vezes há uma confusão entre ser amável e ser permissivo. No entanto, estabelecer limites não é sinônimo de rejeição ou dureza, mas de clareza e integridade emocional. Jesus, nosso maior exemplo de amor, também colocava limites com firmeza e compaixão.

Em João 6, após Jesus ensinar verdades difíceis, muitos dos seus discípulos decidiram ir embora. Ele não implorou que ficassem, nem suavizou sua mensagem. Ele apenas olhou para os doze e perguntou: "Vocês também não querem ir?" (João 6:67). Esse exemplo mostra que Jesus conhecia o valor de sua missão e não negociava sua verdade para manter pessoas por perto. Da mesma forma, precisamos entender que manter vínculos à custa da nossa saúde emocional não é amor — é medo.

Henry Cloud e John Townsend, autores do clássico "Limites", afirmam que os limites definem onde terminamos e onde o outro começa. Sem eles, nos tornamos vulneráveis a abusos emocionais, físicos ou espirituais. Estabelecer limites é dizer: "Eu me respeito o suficiente para proteger minha paz, e respeito você o suficiente para ser honesto."

Na Bíblia, vemos diversos personagens que souberam colocar limites com amor. Neemias, por exemplo, diante das constantes tentativas de distração e sabotagem, respondeu com firmeza: "Estou executando um grande projeto e não posso descer" (Neemias 6:3). Ele sabia que seu foco era mais importante do que agradar a todos ou se justificar a cada ataque. Esse tipo de clareza é essencial para manter o equilíbrio nas relações.

A sabedoria de colocar limites também aparece em Provérbios 25:17: "Não faça visitas frequentes à casa do seu vizinho para que ele não se canse de você e passe a odiá-lo." O texto nos lembra que até as boas intenções precisam ser dosadas com prudência. O amor verdadeiro sabe se aproximar, mas também sabe recuar quando necessário.

A psicologia contemporânea valoriza os limites como componente essencial da saúde mental. Brené Brown aponta que as pessoas mais compassivas são, paradoxalmente, aquelas que estabelecem limites mais claros. Isso acontece porque elas não acumulam frustrações, não alimentam ressentimentos e vivem de forma mais autêntica. Como ela diz: "Escolha o desconforto momentâneo da verdade ao invés do ressentimento prolongado da omissão."

Colocar limites saudáveis é um exercício contínuo de autoconhecimento, coragem e dependência de Deus. Requer sabedoria para discernir o que podemos tolerar, o que precisamos corrigir e quando é hora de se afastar. Mas também exige amor — o tipo de amor que não se submete ao medo da rejeição, mas se ancora na identidade de filho amado do Pai.

Colocar limites saudáveis é um ato de amor — por você, pelo outro e por Deus. Quando vivemos com clareza, maturidade e verdade, nos tornamos canais de cura e não de confusão. Que o Espírito Santo te conduza nesse caminho de equilíbrio e coragem.

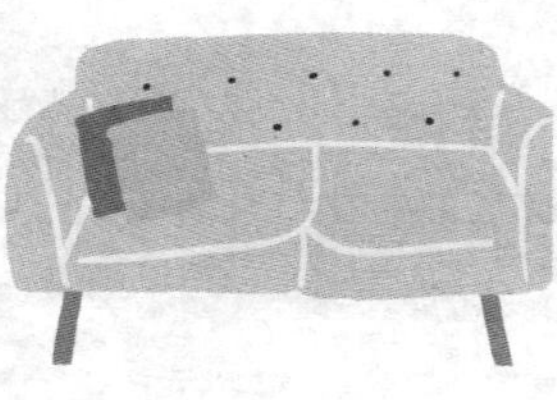

EXERCÍCIO *PRÁTICO DA SEMANA*

- Reflita sobre uma relação em que você sente que seus limites não estão sendo respeitados. Qual seria um primeiro passo para comunicar isso de forma amorosa?
- Medite em Neemias 6:3 e escreva sua própria versão dessa frase para usar em momentos em que precisar reafirmar seus limites.
- Faça uma lista de frases que expressam limites de maneira respeitosa. Exemplo: "Neste momento, não posso me envolver com isso." "Eu preciso de um tempo para processar."
- Ore pedindo a Deus sabedoria para proteger seu coração sem endurecê-lo, e para ser firme sem perder a ternura.

04

MÊS

SOLIDÃO E PERTENCIMENTO

13 SEMANA

A DOR DE SE SENTIR SOZINHO MESMO RODEADO DE PESSOAS

A solidão não é apenas ausência de companhia, mas a sensação de não pertencer, de não ser compreendido ou acolhido. Muitas pessoas vivem rodeadas por outras, em ambientes sociais ou até religiosos, e ainda assim carregam uma profunda sensação de isolamento. A dor da solidão não está na quantidade de gente ao redor, mas na qualidade das conexões e na ausência de vínculos significativos.

Vivemos em uma geração hiperconectada, mas emocionalmente distante. O sociólogo Zygmunt Bauman descreve nossas relações como "líquidas" — frágeis, descartáveis, baseadas em interesses momentâneos. Criamos vínculos superficiais, nutrimos afetos rápidos e tememos a vulnerabilidade. Como consequência, experimentamos o paradoxo moderno: estamos mais conectados e, ao mesmo tempo, mais sozinhos do que nunca.

A Bíblia reconhece a dor da solidão. O próprio Deus, ao criar o ser humano, declarou: "Não é bom que o homem esteja só" (Gênesis 2:18). Somos seres relacionais, criados à imagem de um Deus trino, que vive eternamente em comunhão. Nosso desejo por pertencimento é legítimo — não é fraqueza, é natureza. Jesus também experimentou a solidão. No Getsêmani, pediu aos seus amigos que vigiassem com ele, mas adormeceram. Na cruz, clamou: "Meu Deus! Meu Deus! Por que me abandonaste?" (Mateus 27:46). Ele conhece essa dor e caminha conosco nela.

A psicologia contemporânea mostra que o sentimento de não pertencimento está entre os maiores fatores de sofrimento emocional. Brené Brown, pesquisadora da coragem e vulnerabilidade, afirma que o antídoto para a solidão é a conexão autêntica — aquela que só se constrói com honestidade, escuta e aceitação. Mas, para isso, é necessário coragem para ser vista como realmente somos.

Muitas vezes, nosso sentimento de solidão se intensifica quando acreditamos que precisamos esconder nossas dores, disfarçar nossa essência, ou nos adaptar para sermos aceitas. Essa autoanulação cria uma solidão interna: estamos com os outros, mas não estamos conosco. Só encontramos pertencimento verdadeiro quando nos permitimos ser quem somos — e quando nos cercamos de pessoas que nos acolhem nesse processo.

Jesus nos oferece esse tipo de pertencimento. Ele nos convida a sermos parte de algo maior: o Corpo de Cristo, a comunidade de fé, a família de Deus. Em Efésios 2:19, lemos: "Portanto, vocês já não são estrangeiros nem forasteiros, mas concidadãos dos santos e membros da família de Deus." Esse texto nos lembra que temos um lugar, uma identidade e uma missão compartilhada.

A solidão dói, mas também pode ser um ponto de partida para a transformação. Quando levamos essa dor a Deus e buscamos pertencimento verdadeiro, descobrimos que não estamos sozinhos. O Pai nos chama para perto. E nos convida a viver em comunhão — com ele, conosco e com o outro.

EXERCÍCIO
PRÁTICO DA SEMANA

- Reflita: em quais momentos da sua vida você mais se sentiu sozinho? Quais eram suas necessidades não atendidas naquele período?
- Medite em Efésios 2:19 e escreva o que significa, para você, pertencer à família de Deus.
- Busque uma conversa profunda com alguém de confiança esta semana. Compartilhe algo verdadeiro sobre como você se sente.
- Ore pedindo a Deus coragem para se mostrar como você é e sabedoria para construir vínculos significativos.

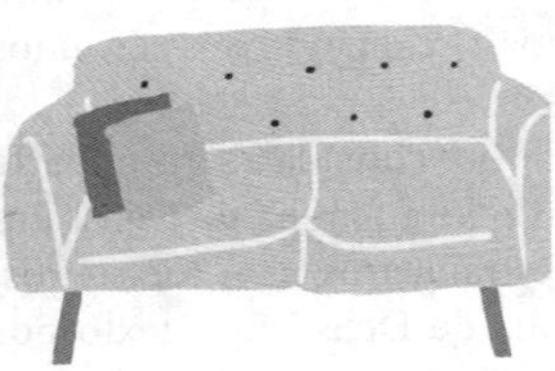

14 SEMANA

JESUS, O AMIGO PRESENTE E FIEL

Em meio à solidão mais profunda, há uma presença constante e fiel que jamais nos abandona: a de Jesus. Ele não é apenas um personagem histórico ou uma figura teológica; ele é Emanuel — Deus conosco. Em nossos momentos mais sombrios, quando sentimos que ninguém nos vê ou compreende, Jesus se faz presente de maneira íntima e real. Ele não se afasta da dor humana; ele entra nela.

No evangelho de João, Jesus afirma: "Já não os chamo servos, porque o servo não sabe o que o seu senhor faz. Em vez disso, eu os tenho chamado amigos..." (João 15:15). Essa declaração é profunda e transformadora. Jesus não apenas nos salva — Ele nos chama de amigos. Amizade é uma das formas mais puras de amor, pois envolve escolha, convivência, escuta e lealdade. E é exatamente isso que ele nos oferece: companhia fiel, consolo constante e amor incondicional.

A filósofa judia Simone Weil afirmou que "a atenção é a forma mais rara e pura de generosidade". Jesus nos oferece exatamente isso: atenção completa. Ele nos vê. Nos evangelhos, vemos que ele sempre olhava para as pessoas em sua individualidade — o cego à beira do caminho, a mulher samaritana, Zaqueu na árvore. Ele nunca tratava multidões como números. Ele se detinha. E ele continua se detendo por nós.

A teologia cristã nos ensina que Cristo, ao assumir a forma humana, experimentou todas as dores e angústias da existência. O autor de Hebreus reforça isso: "Pois não temos um sumo sacerdote que não possa compadecer-se das nossas fraquezas..." (Hebreus 4:15). Saber que Jesus compreende a nossa dor não é apenas um conforto abstrato, mas uma base sólida para confiar que ele está conosco em cada lágrima.

A presença de Jesus, no entanto, nem sempre é percebida com os sentidos naturais. Às vezes, ela se manifesta na paz que excede o entendimento, na força inesperada para seguir em frente, ou na ternura de um gesto de alguém usado por Deus. Por isso, é importante cultivar sensibilidade espiritual: aprender a perceber e responder à sua presença mesmo no silêncio.

A psicologia contemporânea também reconhece o valor da espiritualidade relacional. Viktor Frankl, psiquiatra e sobrevivente do Holocausto, afirmava que a fé em algo maior dava sentido à dor e mantinha o ser humano resiliente. Em um mundo fragmentado, a consciência de que somos acompanhadas por um Deus pessoal transforma a forma como atravessamos a solidão.

Jesus não promete a ausência de momentos solitários, mas promete sua presença neles. Ele nos acompanha no vale da sombra da morte (Salmo 23), caminha conosco no meio da tempestade (Marcos 6:48-50), e nos chama para perto quando o mundo nos rejeita. Sua fidelidade não depende das nossas emoções, mas da sua natureza imutável.

Jesus é o amigo presente e fiel. Acolhe, consola, sustenta e permanece. Nele encontramos o companheiro que não se cansa, o amigo que não abandona e o amor que nunca falha. Ele é a presença que transforma a solidão em comunhão.

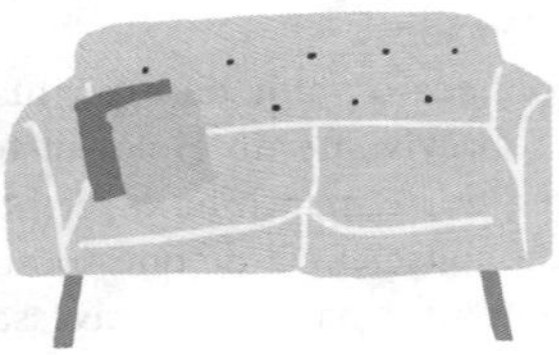

EXERCÍCIO
PRÁTICO DA SEMANA

- Leia João 15:15 e escreva uma carta a Jesus como amigo. Compartilhe o que está em seu coração, como faria com uma confidente.
- Relembre uma situação difícil em que você, olhando agora, percebe que não estava sozinho. Anote os sinais da presença de Deus naquele tempo.
- Durante a semana, separe cinco minutos por dia para se sentar em silêncio, com a mão sobre o coração, e repetir: "Jesus está comigo. Ele me chama de amigo."
- Identifique uma música cristã que fale da fidelidade de Deus e ouça com atenção, transformando a audição em uma oração pessoal.

ENCONTRANDO COMUNIDADE NO CORPO DE CRISTO

15 SEMANA

Fomos criados para viver em comunhão. Desde a criação, o ser humano carrega em sua essência o desejo de pertencer. A solidão, como vimos, pode ser profundamente dolorosa, mas Deus nos oferece um antídoto para ela: a comunidade. Não uma comunidade perfeita — porque ela é composta por pessoas imperfeitas —, mas uma comunidade redimida, que se esforça para refletir o amor de Cristo em suas relações.

A Bíblia apresenta o Corpo de Cristo como essa expressão de pertencimento: "Ora, vocês são o corpo de Cristo, e cada um de vocês, individualmente, é membro desse corpo." (1 Coríntios 12:27). Cada pessoa tem um papel, um dom, uma missão dentro desse corpo. Não estamos sozinhos em nossa fé, em nossas lutas, nem em nossa caminhada. Somos parte de algo maior.

A verdadeira comunidade nasce quando as pessoas se aceitam em sua fragilidade e se comprometem a crescer juntas. A comunidade cristã não é um clube social, mas um espaço de encontro, cura e transformação.

Em Atos dos Apóstolos, vemos um retrato poderoso da Igreja primitiva: "Eles se dedicavam ao ensino dos apóstolos e à comunhão, ao partir do pão e às orações." (Atos 2:42). Essa convivência intencional gerava partilha, apoio mútuo e crescimento espiritual. Esse modelo continua sendo referência até hoje.

Contudo, muitas pessoas carregam traumas com comunidades religiosas. Feridas causadas por julgamentos, exclusões ou legalismos podem dificultar a reaproximação com um novo grupo de fé. Nesse caso, é necessário um processo de cura, discernimento e, acima de tudo, a busca por uma comunidade que reflita o coração de Cristo: acolhedor, compassivo e verdadeiro.

A psicologia aponta que o senso de pertencimento é um fator essencial para o bem-estar emocional. Brené Brown ensina que "pertencer é estar em casa consigo mesma em meio aos outros". Isso significa que, para encontrar uma comunidade saudável, também precisamos aprender a nos posicionar com autenticidade, vulnerabilidade e responsabilidade.

Encontrar comunidade é também um passo de fé. Envolve sair do isolamento, correr riscos, expor fragilidades e abrir espaço para relacionamentos reais. E, acima de tudo, requer o compromisso de não apenas ser acolhida, mas também de acolher. Como lemos em Romanos 15:7: "Portanto, aceitem-se uns aos outros, da mesma forma que Cristo os aceitou, a fim de que vocês glorifiquem a Deus."

A comunidade é um presente de Deus. Nela, aprendemos a viver o evangelho não apenas com palavras, mas com gestos concretos de amor. E é nesse ambiente, mesmo imperfeito, que encontramos pedaços do céu em meio à terra.

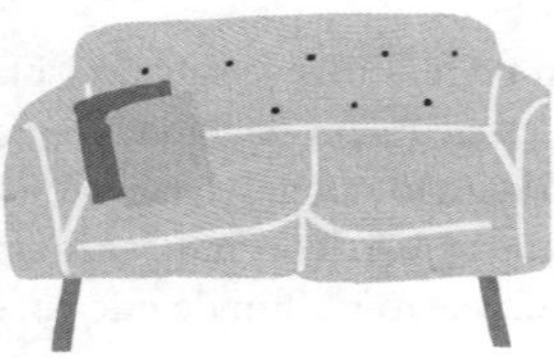

EXERCÍCIO
PRÁTICO DA SEMANA

- Reflita sobre sua história com a comunidade cristã. O que te aproxima? O que te afasta? Anote suas percepções com sinceridade.
- Se você faz parte de uma comunidade de fé, identifique uma forma de se envolver mais ativamente: um ministério, um grupo pequeno, uma ação social.
- Se não faz parte de uma comunidade, ore pedindo direção para encontrar um lugar seguro e saudável onde possa crescer espiritualmente.
- Pratique o acolhimento: envie uma mensagem a alguém da sua igreja ou círculo de fé com uma palavra de encorajamento. Seja canal de comunhão para outra pessoa.

16 SEMANA

Estar cercado por uma comunidade de fé é um privilégio, mas criar vínculos verdadeiramente significativos dentro dela é um desafio que exige intencionalidade. Vínculos não nascem prontos — eles são construídos com tempo, presença, escuta, vulnerabilidade e graça. Não basta participar de eventos ou estar presente fisicamente; é necessário abrir espaço para relações que vão além da superfície.

A Bíblia nos dá muitos exemplos de amizades profundas e vínculos que marcaram gerações. Davi e Jônatas, por exemplo, formaram um laço de lealdade que transcendeu interesses pessoais. Paulo e Timóteo desenvolveram uma relação de discipulado e afeto. Jesus, embora estivesse entre multidões, escolheu doze para caminhar mais de perto e, entre eles, três para os momentos mais íntimos. Isso nos mostra que vínculos verdadeiros se formam em círculos pequenos, no convívio próximo, na partilha de vida.

O psicólogo Carl Rogers, um dos grandes nomes da psicologia humanista, defendia que relações autênticas são aquelas em que há aceitação incondicional, empatia e congruência. Ele afirmava que o ambiente relacional é o fator terapêutico mais importante para o crescimento emocional. A teologia cristã reforça essa ideia ao nos lembrar que somos transformados nas relações — tanto com Deus quanto com o próximo.

Desenvolver vínculos significativos começa com a disposição de ser quem se é. Isso implica coragem para mostrar vulnerabilidades, pedir ajuda, oferecer consolo, rir junto, chorar junto. Brené Brown chama isso de "vivência da vulnerabilidade com coragem" — e diz que só assim é possível experimentar a verdadeira conexão.

No ambiente cristão, isso se manifesta em atitudes simples, mas poderosas: uma escuta sem pressa, uma visita inesperada, uma oração intercessora, um gesto de cuidado prático. Esses atos constroem pontes e derrubam muros. Como está escrito em Gálatas 6:2: "Levem os fardos pesados uns dos outros e, assim, cumpram a lei de Cristo."

É importante também lembrar que vínculos exigem manutenção. Toda relação passa por fases: encantamento, desentendimentos, ajustes, aprofundamento. A constância é o que transforma laços frágeis em raízes profundas. E o amor cristão nos capacita a permanecer, mesmo quando há fricções, desde que haja respeito mútuo e compromisso com a verdade.

Por fim, vínculos significativos nos revelam o rosto de Deus. Quando alguém nos acolhe com ternura, nos corrige com amor, nos acompanha no silêncio da dor — ali, o Reino se manifesta. Como diz Dietrich Bonhoeffer, teólogo alemão, "o Cristo na boca do meu irmão é mais forte do que o Cristo no meu próprio coração". A presença do outro pode ser o lembrete de que Deus não nos esqueceu.

Desenvolver vínculos significativos é um ato de resistência contra a superficialidade. É também uma expressão do evangelho em forma de relação. No encontro com o outro, descobrimos que, apesar das diferenças, todos carregamos o mesmo anseio: amar e ser amados, conhecer e ser conhecidos. E Deus se revela no meio disso.

EXERCÍCIO
PRÁTICO DA SEMANA

- Reflita sobre os vínculos que você tem cultivado. São profundos ou superficiais? O que você pode fazer para aprofundar pelo menos um deles?
- Escolha uma pessoa da sua comunidade de fé com quem deseja se conectar melhor. Convide para um café, uma conversa, uma oração conjunta.
- Pratique escuta ativa em sua próxima conversa: desligue o celular, olhe nos olhos, ouça com empatia, sem pressa de responder.
- Leia Gálatas 6:2 e anote formas concretas de ajudar a carregar a carga de alguém nesta semana.

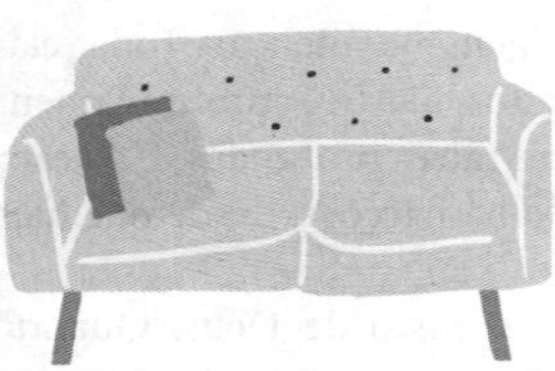

05
MÊS

MEDO E CORAGEM

17 SEMANA

QUANDO O MEDO PARALISA E DOMINA A MENTE

O medo é uma das emoções mais primitivas e universais do ser humano. Ele pode ser útil quando nos protege de perigos reais, mas também pode se tornar um tirano silencioso quando passa a dominar nossos pensamentos, impedir nossas escolhas e limitar nossa fé. Muitos de nós carregamos medos profundos: medo de errar, de ser rejeitado, de ficar sozinho, de não dar conta, de perder o controle. Quando o medo se instala de forma crônica, ele paralisa nossa alma e distorce nossa percepção da realidade.

A Bíblia está repleta de histórias de pessoas que enfrentaram o medo. Moisés teve medo de liderar. Elias fugiu de medo depois de uma grande vitória. Gideão se escondeu no lagar. Os discípulos gritaram de medo durante a tempestade. Todos eles foram visitados por Deus em meio ao pavor — e convidados à coragem.

Vivemos em uma sociedade ansiosa, com excesso de informações negativas, comparações constantes e uma cultura de produtividade que nos cobra perfeição. Não é surpresa que o medo ganhe tanto espaço. O psiquiatra Augusto Cury, ao estudar os efeitos do pensamento acelerado, destaca que o excesso de futuro é o que gera ansiedade. E o medo nada mais é do que um excesso de futuro mal administrado — a antecipação de algo que ainda nem aconteceu, mas já nos consome no presente.

É nesse cenário que precisamos aprender a identificar, nomear e entregar nossos medos. Não negá-los ou fingir que não existem, mas levá-los à luz da Palavra e à presença de Deus. O Salmo 56:3 declara: "Mas eu, quando estiver com medo, confiarei em ti." Esse versículo não diz que o medo desaparecerá magicamente, mas que ele pode ser enfrentado com fé. É na confiança que o medo começa a perder seu poder.

Jesus nos convida repetidamente a não temer. "Não tenha medo; tão-somente creia" (Marcos 5:36). "Não se perturbe o coração de vocês" (João 14:1). "Não tenham medo, pequeno rebanho" (Lucas 12:32). Ele não promete ausência de perigos, mas presença no meio deles. E é essa presença que transforma o medo em coragem.

A psicologia positiva sugere que a coragem não é ausência de medo, mas a capacidade de agir apesar dele. Brené Brown afirma que coragem e vulnerabilidade caminham juntas: só é corajosa aquele que se permite sentir, expor, tentar — mesmo com o coração tremendo. A Bíblia endossa essa verdade ao mostrar que os grandes heróis da fé não foram super-humanos, mas pessoas que, mesmo com medo, obedeceram.

Reconhecer o medo é o primeiro passo. Confiar em Deus é o próximo. Avançar em obediência, apesar do temor, é o caminho da liberdade.

O medo só perde o poder quando é encarado à luz da verdade. E a verdade é que Deus não nos deu espírito de temor, mas de poder, de amor e de equilíbrio (2 Timóteo 1:7). Com ele ao nosso lado, podemos caminhar com coragem — um passo de cada vez.

EXERCÍCIO
PRÁTICO DA SEMANA

- Identifique quais são seus medos mais presentes hoje. Nomeie-os com sinceridade.
- Leia Salmo 56:3 diariamente e repita em voz alta: "Quando sinto medo, escolho confiar em Deus."
- Escreva uma oração entregando seus medos a Deus. Seja honesto e específico.
- Dê um pequeno passo prático esta semana em direção a algo que o medo tem te impedido de fazer — com prudência, mas com fé.

18 SEMANA

CORAGEM PARA ENFRENTAR MUDANÇAS E INCERTEZAS

Mudar pode ser assustador. Deixar o conhecido para trás, abrir mão do controle e abraçar o que ainda não se pode ver é um desafio que confronta nossas estruturas internas. Mudanças, ainda que desejadas, trazem incertezas. Elas expõem fragilidades, obrigam escolhas, exigem fé. E é nesse terreno instável que Deus muitas vezes nos chama a caminhar.

Na Bíblia, vemos essa dinâmica repetidamente. Abraão foi chamado a deixar sua terra, sua parentela e ir para uma terra que Deus ainda iria mostrar (Gênesis 12:1). Pedro teve que sair do barco e andar sobre as águas. Maria disse sim ao chamado de ser mãe do Salvador, mesmo sem entender todos os desdobramentos. O denominador comum dessas histórias é a fé que se manifesta na obediência — mesmo em meio à incerteza.

A filósofa Martha Nussbaum afirma que a coragem moral se revela na capacidade de agir de maneira ética e comprometida, mesmo em contextos de risco. Essa ideia ecoa a fé cristã, que nos chama a viver com firmeza mesmo quando o cenário é nebuloso. A coragem, nesse sentido, não se trata de bravura impulsiva, mas de uma confiança enraizada no caráter de Deus.

Vivemos em uma sociedade que busca segurança a qualquer custo. Contratos, garantias, planos e seguros tentam nos proteger de tudo o que é incerto. Mas a vida com Deus envolve fé — e fé é justamente o firme fundamento das coisas que se esperam e a prova das coisas que não se veem (Hebreus 11:1).

O teólogo Eugene Peterson chamava a vida cristã de "obediência longa na mesma direção". Isso implica constância mesmo sem garantias visíveis, perseverança mesmo sem recompensas imediatas. É nesse movimento que a coragem floresce: quando decidimos permanecer fiéis apesar dos ventos contrários.

Mudanças também revelam nossas âncoras. Quando tudo ao redor se move, descobrimos onde realmente está nossa confiança. Se está em pessoas, cargos, status ou conforto, sentiremos o chão desabar. Mas se está em Deus, encontraremos firmeza mesmo em meio à transição. O Salmo 62:6 declara: "Somente ele é a rocha que me salva; ele é a minha torre alta! Não serei abalado." A psicologia nos ensina que o medo da mudança é natural, mas que a adaptabilidade é uma habilidade que pode ser treinada. Quanto mais desenvolvemos flexibilidade emocional e espiritual, mais preparados estamos para lidar com as surpresas da vida. O crescimento, afinal, quase sempre exige desconforto.

A coragem para mudar nasce da confiança em quem está nos conduzindo. E Deus não é um guia inexperiente. Ele é o Autor da vida, o Bom Pastor, o Pai fiel.

Em Isaías 41:10 ele nos diz: "Por isso não tema, pois estou com você; não tenha medo, pois sou o seu Deus. Eu o fortalecerei e o ajudarei; eu o segurarei com a minha mão direita vitoriosa."

Mudanças fazem parte da jornada da fé. São convites para confiar, crescer e experimentar novas facetas da graça de Deus. E quando o medo vier, lembre-se: Ele vai com você. Sempre.

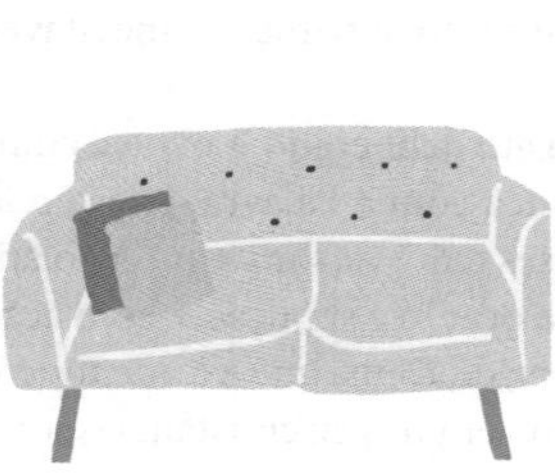

EXERCÍCIO
PRÁTICO DA SEMANA

- Reflita sobre uma mudança que você está vivendo ou teme viver. Quais emoções ela desperta? O que está em jogo?
- Leia Hebreus 11 e escolha uma personagem cuja história de fé te inspire. Anote quais atitudes de coragem ela teve.
- Escreva uma oração pedindo coragem para enfrentar o novo, entregando suas expectativas a Deus.
- Dê um passo prático em direção à mudança que você sente que Deus está pedindo: uma conversa, uma decisão, um plano.

19 SEMANA

Existem medos que nascem da imaginação, mas há aqueles que se fundamentam em ameaças reais: diagnósticos difíceis, crises financeiras, violência, perdas, perseguições. Nessas situações, o desafio é ainda maior. Como confiar quando o perigo é concreto? Como ter paz quando as circunstâncias gritam caos? Como manter a fé quando tudo ao redor parece ruir?

A resposta bíblica não é negar a dor, mas ancorar-se na presença de Deus em meio a ela. Os Salmos estão repletos de clamores que nascem do sofrimento real. Davi, perseguido, traído, ameaçado, escrevia: "Mesmo quando eu andar por um vale de trevas e morte, não temerei perigo algum, pois tu estás comigo..." (Salmo 23:4). A presença de Deus não elimina o vale, mas transforma o modo como o atravessamos.

O apóstolo Paulo também viveu sob constantes ameaças. Em 2 Coríntios 4:8-9, ele escreve: "De todos os lados somos pressionados, mas não desanimados; ficamos perplexos, mas não desesperados; somos perseguidos, mas não abandonados; abatidos, mas não destruídos." Essa é a linguagem de quem aprendeu a enfrentar o sofrimento com fé madura — não negando a realidade, mas interpretando-a à luz da eternidade.

A psicologia do enfrentamento ensina que a resiliência não vem de ignorar os problemas, mas de construir recursos internos e externos para lidar com eles. A fé é, sem dúvida, um desses recursos mais poderosos. Viktor Frankl, sobrevivente do Holocausto, dizia que a única liberdade que ninguém pode tirar é a escolha da atitude interior diante das circunstâncias. A fé cristã nos oferece essa força: podemos escolher confiar mesmo quando não entendemos.

Jesus, diante da cruz, sabia o que o aguardava. No Getsêmani, orou com angústia, suou sangue, pediu ao Pai que, se possível, o livrasse. Mas terminou sua oração com submissão: "Todavia, não se faça a minha vontade, mas a tua." (Lucas 22:42). Essa é a essência da coragem diante do sofrimento inevitável: orar, sentir, clamar, mas entregar e confiar.

Em tempos difíceis, fortalecer o coração é um ato deliberado. Envolve cultivar pensamentos verdadeiros, alimentar a esperança com a Palavra, e se cercar de pessoas que nos sustentam em oração. Filipenses 4:6-7 nos instrui: "Não andem ansiosos por coisa alguma, mas em tudo, pela oração e súplicas, e com ação de graças, apresentem seus pedidos a Deus. E a paz de Deus, que excede todo o entendimento, guardará o coração..." Essa paz não vem das circunstâncias, mas da confiança no Deus que está acima delas.

A escritora cristã Elisabeth Elliot dizia: "A vontade de Deus nunca nos leva aonde a graça de Deus não possa nos sustentar." Quando o perigo for real, lembre-se: a graça também será.

Fortalecer o coração diante das ameaças é aprender a olhar além do visível. É escolher confiar no Deus que já venceu o mal, mesmo quando ainda estamos no meio da batalha. *Ele é nossa rocha. Ele é nossa força. E ele está conosco.*

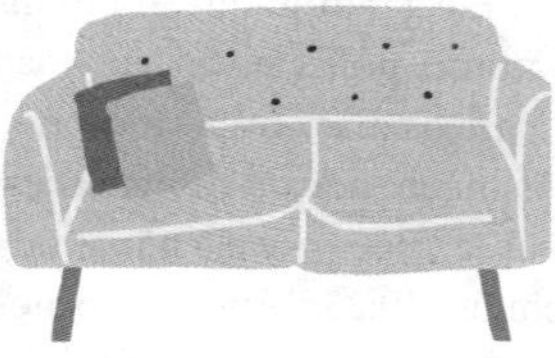

EXERCÍCIO
PRÁTICO DA SEMANA

- Identifique uma ameaça concreta que você está enfrentando hoje. Anote seus sentimentos relacionados a isso.
- Leia Salmo 23 todos os dias desta semana, destacando o versículo que mais fortalece seu coração.
- Escreva uma oração sincera, expressando sua dor, mas reafirmando sua confiança.
- Compartilhe com alguém de confiança e peça que ore com você sobre essa situação.

20 SEMANA

Coragem verdadeira não nasce apenas da força interior ou da disciplina emocional. A coragem que sustenta em tempos difíceis é aquela que tem raízes profundas em promessas que não podem ser quebradas — as promessas de Deus. Quando nos ancoramos em quem ele é e no que ele diz, encontramos estabilidade mesmo quando tudo ao redor está em colapso.

A Bíblia está repleta de promessas que foram dadas a pessoas comuns, em momentos de crise, medo ou missão. A Abraão, Deus prometeu: "Não temas, eu sou o teu escudo" (Gênesis 15:1). A Josué, diante de uma nova e desafiadora liderança, Deus disse: "Seja forte e corajoso! Não se apavore, nem desanime, pois o Senhor, o seu Deus, estará com você por onde você andar" (Josué 1:9). A Paulo, quando tudo parecia incerto, o Senhor afirmou: "A minha graça te basta" (2 Coríntios 12:9).

Essas promessas não foram dadas como frases decorativas, mas como fundamentos sobre os quais vidas inteiras seriam construídas. E elas continuam disponíveis a nós. Quando as tomamos como verdades pessoais, nossa fé se enraíza e a coragem floresce.

O teólogo Timothy Keller dizia que "a fé cresce quando paramos de nos basear no que sentimos e passamos a nos basear no que sabemos". Em outras palavras, a coragem enraizada não depende das circunstâncias, mas da convicção de que Deus é fiel e está conosco, mesmo quando tudo parece dizer o contrário.

A neurociência também revela que repetir afirmações positivas baseadas na verdade pode transformar nossas conexões cerebrais, fortalecendo áreas responsáveis pela esperança, tomada de decisão e resiliência. Quando declaramos a Palavra de Deus com fé, não apenas alimentamos nosso espírito, mas também renovamos nossa mente.

Jesus prometeu estar conosco até o fim (Mateus 28:20). Ele prometeu que o Espírito Santo seria nosso Consolador (João 14:16). Ele garantiu que, no mundo, teríamos aflições — mas que poderíamos ter ânimo, pois ele venceu (João 16:33). Cada uma dessas promessas é uma âncora para os dias tempestuosos.

Não é fácil manter a coragem quando sentimos medo, dor ou insegurança. Mas quando voltamos nossos olhos para o que Deus já falou — e ele não muda —, somos fortalecidos. Como está escrito em Hebreus 10:23: "Apeguemo-nos com firmeza à esperança que professamos, pois aquele que prometeu é fiel."

Quando a coragem é enraizada na promessa de Deus, ela resiste ao tempo, ao caos e ao cansaço. Porque não depende de nós, mas dele. *E ele nunca falha.*

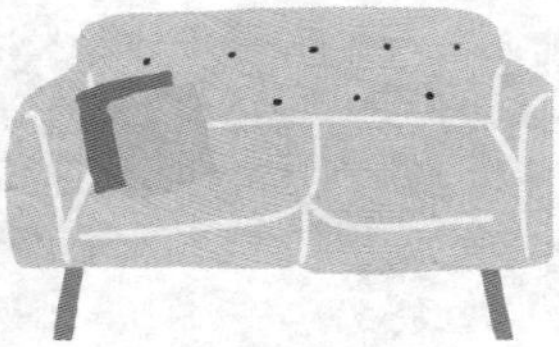

EXERCÍCIO
PRÁTICO DA SEMANA

- Escolha três promessas bíblicas que falem ao seu coração. Escreva-as e cole em lugares visíveis: espelho, caderno, celular.
- Crie uma "confissão de fé" baseada nas promessas de Deus para declarar diariamente. Exemplo: "Sou sustentado pela graça. Deus é meu refúgio. Não estou só."
- Reflita: em quais áreas da sua vida você precisa substituir o medo pela confiança nas promessas?
- Compartilhe uma promessa com alguém que esteja enfrentando medo. Seja canal de coragem para outra pessoa.

06

MÊS

CULPA E GRAÇA

21 SEMANA

O PESO DA CULPA E AS VOZES DA CONDENAÇÃO

A culpa é uma das emoções mais difíceis de carregar. Ela pode surgir de erros cometidos, decisões precipitadas, omissões ou até de expectativas irreais. Quando mal compreendida, transforma-se em vergonha, gerando um ciclo de autodepreciação, medo e afastamento de Deus e das pessoas. Sentir culpa é humano; viver sob sua tirania é adoecer.

O problema começa quando a culpa deixa de ser um alarme que nos orienta ao arrependimento e se torna uma identidade. Ao invés de dizer "eu errei", passamos a dizer "eu sou um erro". Essa confusão entre comportamento e essência é devastadora. O inimigo de nossas almas adora operar nesse terreno. Ele é chamado de "acusador" (Apocalipse 12:10) porque trabalha para nos manter paralisados pela condenação.

A psicóloga Brené Brown faz uma distinção importante: culpa é reconhecer que fizemos algo errado; vergonha é acreditar que somos algo errado. Enquanto a culpa pode nos levar à transformação, a vergonha nos prende. Por isso, precisamos aprender a diferenciar as vozes internas: a voz do Espírito Santo, que convence com amor, e a voz do acusador, que condena com dureza.

Na Bíblia, vemos exemplos claros desse contraste. Pedro e Judas erraram gravemente. Ambos traíram Jesus de formas distintas. Mas enquanto Judas se afundou em culpa sem esperança, Pedro chorou amargamente e se arrependeu. Jesus restaurou Pedro com graça, perguntando três vezes: "Tu me amas?" (João 21:15-17). A graça não minimiza o erro, mas oferece recomeço.

O apóstolo Paulo também carrega um passado de perseguição à Igreja, mas ao invés de viver preso à culpa, ele se rende à graça: "Mas pela graça de Deus sou o que sou..." (1 Coríntios 15:10). Essa é a chave: reconhecer o erro, entregar a dor e aceitar a redenção.

A psicologia afirma que a autocompaixão é essencial para a saúde mental. Kristin Neff, pesquisadora do tema, diz que ser compassivo consigo mesmo não é ser permissivo, mas tratar-se com a mesma gentileza que se ofereceria a um amigo querido. A graça divina opera nesse mesmo princípio: não ignora o pecado, mas nos acolhe com misericórdia.

A Palavra nos garante: "Portanto, agora já não há condenação para os que estão em Cristo Jesus..." (Romanos 8:1). Isso não significa ausência de responsabilidade, mas presença de perdão. Quando nos arrependemos sinceramente, Deus não apenas nos perdoa, mas lança nossos pecados no fundo do mar (Miquéias 7:19).

A culpa pode ser um sinal de que algo precisa ser curado. Mas ela não é o destino. O destino é a graça. E nela, encontramos liberdade, renovação e a chance de começar de novo.

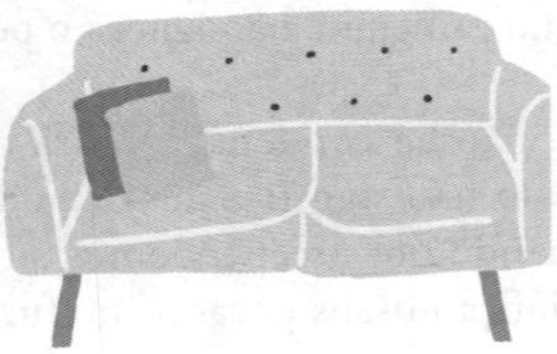

EXERCÍCIO
PRÁTICO DA SEMANA

- Escreva uma carta para si mesmo reconhecendo um erro, mas também acolhendo-se com graça. Leia em voz alta.
- Medite diariamente em Romanos 8:1. Repita: "Em Cristo, não há condenação sobre mim."
- Identifique pensamentos de autocrítica que surgem durante o dia. Pergunte-se: essa é a voz do Espírito ou do acusador?
- Compartilhe com alguém de confiança uma área da sua vida em que você sente culpa. Ore com essa pessoa e receba encorajamento.

22 SEMANA

A graça é o coração pulsante do evangelho. Não é uma recompensa por bom comportamento, mas um presente imerecido que transforma quem somos e como vivemos. Onde a culpa nos paralisa, a graça nos move. Onde a vergonha nos aprisiona, a graça nos liberta. Onde o erro nos marca, a graça nos redefine.

A graça de Deus não é apenas o ponto de partida da fé cristã; ela é o caminho todo. Paulo escreve em Tito 2:11-12 que a graça "se manifestou salvadora a todos os homens. Ela nos ensina a renunciar à impiedade e às paixões mundanas e a viver de maneira sensata, justa e piedosa nesta era presente". Ou seja, a graça salva e educa. Ela acolhe e molda. Cura e transforma.

Teólogos como Dietrich Bonhoeffer alertaram sobre os perigos da "graça barata" — aquela que não confronta, que não transforma, que reduz o evangelho a uma simples aceitação. Mas a graça bíblica é profunda e radical. Ela não nos deixa como estamos. Ela nos encontra em nossos escombros, mas nos conduz à reconstrução.

Jesus é o maior exemplo disso. Em João 8, diante da mulher surpreendida em adultério, ele não nega a gravidade do pecado, mas também não permite que ela seja esmagada por ele. Ele diz: "Mulher, onde estão os teus acusadores? (...) Nem eu também te condeno; vai-te, e não peques mais." (João 8:10-11). Essa é a essência da graça: perdão com verdade, acolhimento com propósito, liberdade com responsabilidade.

A psicologia positiva mostra que o ambiente de aceitação é essencial para mudanças duradouras. Carl Rogers, um dos pais da psicoterapia centrada na pessoa, afirmava que "quando uma pessoa se sente aceita exatamente como é, ela pode começar a mudar". A graça é esse ambiente espiritual. Ela não diz: "faça tudo certo para ser aceita"; ela diz: "você é aceita — e por isso, pode ser transformada".

Ser curado pela graça é reaprender a viver. É permitir que o amor de Deus penetre nas feridas mais profundas, substituindo acusações por identidade. É aceitar que não somos definidas pelos nossos piores momentos, mas pelo olhar do Pai que nos chama de filhas.

A transformação não acontece de uma vez. É um processo. Mas é um processo sustentado não por culpa, medo ou esforço humano, e sim por um amor incondicional que insiste em nos restaurar. Filipenses 1:6 nos assegura: "Estou convencido de que aquele que começou boa obra em vocês, vai completá-la até o dia de Cristo Jesus."

A graça não é licença para errar, mas força para acertar. Não é passividade, mas poder. E, quando recebida com fé, ela se torna o ambiente mais seguro para crescer, mudar e florescer — como filhos amados de um Pai que transforma cinzas em beleza.

EXERCÍCIO
PRÁTICO DA SEMANA

- Releia João 8:1-11. Medite sobre como Jesus tratou aquela mulher. Em que áreas da sua vida você precisa ouvir: "Nem eu te condeno"?
- Escreva três verdades que a graça de Deus já transformou em sua vida. Agradeça por elas.
- Escolha uma área na qual você deseja experimentar mudança. Ao invés de fazer promessas, peça graça.
- Ao final da semana, escreva uma oração reconhecendo a obra da graça em sua jornada.

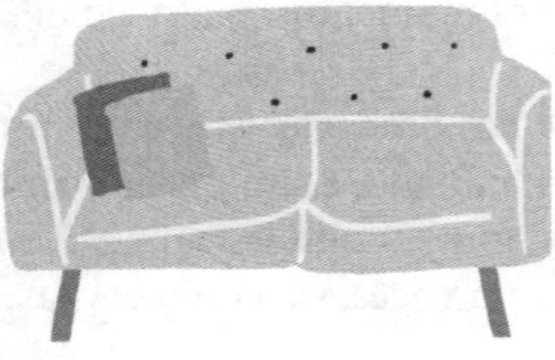

23 SEMANA

O perfeccionismo é um fardo pesado que muitas pessoas carregam, acreditando que precisam acertar sempre, dar conta de tudo e nunca falhar. É uma armadilha sutil, que se disfarça de excelência, mas que na verdade nos prende em um ciclo de exaustão, insegurança e autocrítica. O perfeccionismo promete aceitação, mas cobra performance. E quando falhamos — inevitavelmente — ele nos pune com culpa e vergonha.

A graça de Deus oferece um caminho oposto. Ela não exige perfeição, mas entrega. Não espera que sejamos impecáveis, mas sinceros. Em 2 Coríntios 12:9, o Senhor declara: "Minha graça é suficiente para você, pois o meu poder se aperfeiçoa na fraqueza." Paulo, ao ouvir essa resposta, não foi humilhado — foi liberto. Ele compreendeu que a graça transforma nossa fraqueza em espaço para a ação de Deus.

A escritora e professora Brené Brown alerta que o perfeccionismo é uma estratégia de proteção contra a vergonha, mas que, paradoxalmente, nos afasta da autenticidade. Em vez de viver com ousadia, vivemos tentando agradar, controlar e provar nosso valor. A graça, por outro lado, nos convida a viver com liberdade.

A Bíblia está cheia de personagens que falharam, mas foram usadas poderosamente por Deus: Moisés, que teve medo e matou um egípcio; Davi, que cometeu adultério e assassinato; Pedro, que negou Jesus. Nenhum deles foi perfeito. Mas todos foram restaurados pela graça. Deus não usa pessoas impecáveis — ele usa corações quebrantados e disponíveis.

Quando abraçamos a graça, deixamos de buscar uma santidade fabricada por esforço humano, e passamos a viver em comunhão com o Espírito. O resultado não é relaxo espiritual, mas transformação verdadeira. Filipenses 2:13 nos lembra: "Pois é Deus quem efetua em vocês tanto o querer quanto o realizar, de acordo com a boa vontade dele."

Abandonar o perfeccionismo é confiar que Deus é mais glorificado na nossa dependência do que na nossa performance. É descansar no fato de que ele nos ama no processo, e não apenas no resultado. É permitir que a jornada com ele seja leve, porque o jugo de Jesus é suave, e o fardo é leve (Mateus 11:30).

A libertação do perfeccionismo não significa viver de qualquer jeito, mas viver do jeito de Deus — com leveza, verdade e graça. Ele não nos chamou para o fardo da performance, mas para a liberdade de sermos filhos amados em processo de transformação.

EXERCÍCIO
PRÁTICO DA SEMANA

- Identifique áreas em que o perfeccionismo tem te cobrado demais. Escreva o que ele promete e o que tem, de fato, te causado.
- Medite em 2 Coríntios 12:9. Reescreva o versículo com suas palavras, aplicando à sua vida.
- Escolha um pequeno erro ou falha recente e pratique autocompaixão. Fale com você mesmo como falaria com um amigo.
- Ore pedindo ao Espírito Santo que te ensine a descansar na graça, e não no seu desempenho.

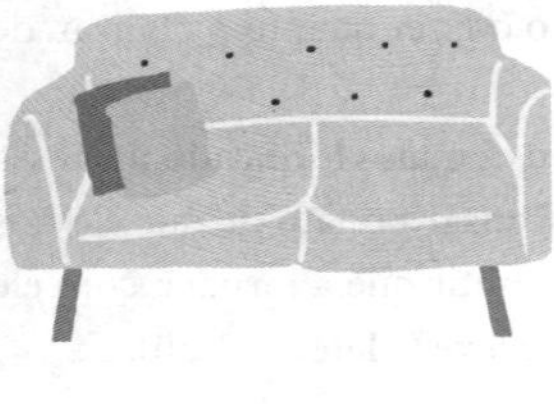

24 SEMANA

Viver sob a graça não é apenas aceitar o perdão de Deus, mas assumir uma nova identidade: a de filho amado, redimido e capacitado por ele. A culpa e o perfeccionismo são vozes que tentam nos lembrar constantemente de quem fomos. Mas a voz da graça nos chama para quem somos agora em Cristo.

Segundo 2 Coríntios 5:17, "se alguém está em Cristo, é nova criação. As coisas antigas já passaram; eis que surgiram coisas novas." Essa não é uma metáfora poética — é uma verdade espiritual. Em Cristo, não somos mais definidos por nossos pecados, falhas ou limitações. Somos chamados pelo nome, transformados pelo amor e direcionados por um novo propósito.

A psicologia nos ensina que a maneira como nos enxergamos molda profundamente nosso comportamento. Se acreditamos que somos indignos, vivemos como tais. Se compreendemos que somos amados e restaurados, nossas ações refletem essa verdade. A fé cristã nos convida a renovar nossa mente com a verdade da Palavra, substituindo mentiras antigas por identidade redimida.

Henri Nouwen, sacerdote e escritor, dizia que nossa identidade mais profunda é esta: "Eu sou o amado de Deus." Tudo o que fazemos deve fluir dessa consciência. Não buscamos agradar a Deus para sermos aceitos — somos aceitos, e por isso, vivemos em gratidão, obediência e liberdade.

A nova identidade em Cristo não significa ausência de lutas, mas presença constante de redenção. Significa que, mesmo quando tropeçamos, temos um lugar de retorno. Em 1 João 1:9, lemos: "Se confessarmos os nossos pecados, ele é fiel e justo para nos perdoar os pecados, e nos purificar de toda a injustiça." Nossa identidade está ancorada na fidelidade dele, não na nossa perfeição.

Essa nova identidade também nos chama a viver de forma diferente. Não mais reféns da comparação, da ansiedade pelo desempenho ou do medo do julgamento. Mas firmadas no amor que lança fora todo o medo (1 João 4:18). Vivemos a partir da segurança de que pertencemos a um Pai que não muda, que nos ama e que nos sustenta.

Viver a nova identidade em Cristo é uma jornada diária. Não baseada em sentimentos, mas na verdade da Palavra. E à medida que essa identidade se enraíza no coração, floresce uma vida leve, cheia de propósito e profundamente encharcada de graça.

EXERCÍCIO
PRÁTICO DA SEMANA

- Escreva uma carta como se fosse Deus falando com você, afirmando quem você é nele. Use versículos e verdades bíblicas.
- Identifique rótulos antigos que ainda te prendem. Escreva-os e, ao lado, substitua por verdades sobre sua nova identidade em Cristo.
- Medite diariamente em 2 Coríntios 5:17. Declare em voz alta: "Eu sou novo em Cristo. As coisas velhas passaram."
- Faça uma lista de atitudes práticas que deseja cultivar a partir dessa nova identidade: atitudes de fé, bondade, descanso, coragem ou perdão.

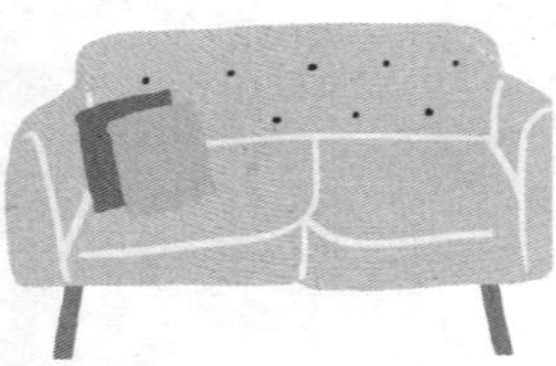

07
MÊS

COMPARAÇÃO E CONTENTAMENTO

O CICLO DA COMPARAÇÃO E A PERDA DA ALEGRIA

25 SEMANA

A comparação é uma das armadilhas mais sorrateiras da nossa geração. Alimentada pelas redes sociais, pelas pressões culturais e pelas próprias inseguranças, ela rouba nossa alegria, desvaloriza nossa trajetória e mina nosso contentamento. Quando comparamos nossa realidade com a aparência dos outros, caímos em um ciclo de frustração, inveja e inadequação.

A Bíblia já nos alertava sobre esse risco muito antes da era digital. Em Gálatas 6:4, Paulo exorta: "Cada um examine os próprios atos, e então poderá orgulhar-se de si mesmo, sem se comparar com ninguém." Em outras palavras: pare de se medir pelos outros. Foque no que Deus está fazendo em você. A comparação nos faz esquecer quem somos e nos distrai do que fomos chamados a realizar.

O autor Theodore Roosevelt disse: "A comparação é o ladrão da alegria." E isso se comprova diariamente. A cada vez que olhamos para o que o outro tem, faz ou é — e usamos isso como métrica para nossa autoestima — entregamos nosso contentamento nas mãos de algo que não podemos controlar.

O psicólogo social Leon Festinger desenvolveu a Teoria da Comparação Social, mostrando que temos a tendência de avaliar nosso valor baseando-nos em outras pessoas. Porém, estudos posteriores revelaram que essa prática está associada a baixa autoestima, ansiedade e até depressão. Quando vivemos nos comparando, sempre seremos menores do que alguém — e isso é uma armadilha sem fim.

A Palavra de Deus nos oferece um caminho diferente: o caminho do contentamento. Em Filipenses 4:11-13, Paulo declara que aprendeu a estar contente em toda e qualquer situação. Ele sabia que seu valor não estava no que tinha, fazia ou aparentava, mas em quem era em Cristo. Esse tipo de contentamento é fruto de intimidade com Deus, não de circunstâncias favoráveis.

Precisamos entender que cada jornada é única. Deus trabalha em ritmos diferentes com cada um de nós. Ele é soberano sobre os tempos, os processos e os resultados. Quando confiamos nisso, conseguimos celebrar o outro sem nos diminuirmos. Admirar sem invejar. Aplaudir sem nos anular.

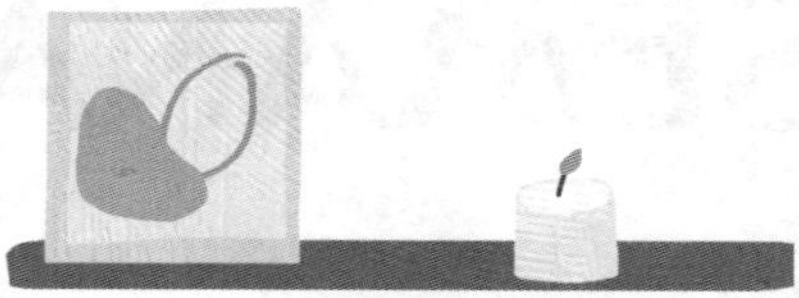

O contentamento não vem de ter tudo o que queremos, mas de reconhecer o valor do que já temos em Cristo. Quando deixamos de olhar para os lados e passamos a olhar para o Alto, descobrimos que a verdadeira alegria floresce em corações gratos, não em vidas perfeitas.

EXERCÍCIO
PRÁTICO DA SEMANA

- Identifique situações em que a comparação tem afetado sua autoestima. Escreva o que sente nesses momentos.
- Medite em Filipenses 4:11-13. Reescreva esse texto com suas palavras, aplicando à sua própria história.
- Escolha uma pessoa que você costuma se comparar e, ao invés disso, ore por ela e a abençoe sinceramente.
- Liste três motivos pelos quais você é grato pela sua jornada única com Deus.

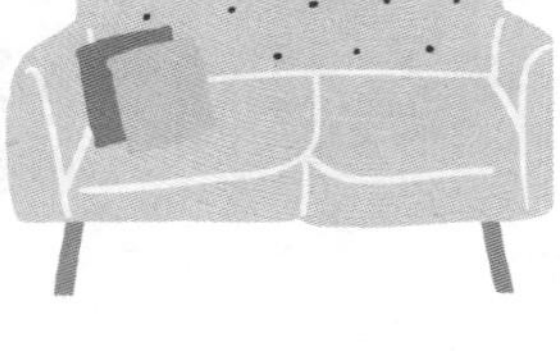

26 SEMANA

Paulo, ao escrever aos filipenses, nos entrega um tesouro espiritual: o segredo do contentamento. Não um contentamento passageiro ou condicionado às circunstâncias, mas uma paz interior que se sustenta mesmo em tempos de escassez, dificuldades e incertezas. Em Filipenses 4:11-13, ele declara: "Aprendi o segredo de viver contente em toda e qualquer situação, seja bem alimentado, seja com fome, tendo muito, ou passando necessidade. Tudo posso naquele que me fortalece."

Essa aprendizagem é profundamente espiritual. Não nasce da conformidade resignada, mas da confiança amadurecida. Paulo escreve essas palavras preso, privado de conforto e liberdade. E, ainda assim, seu coração transborda de gratidão. Isso nos mostra que o contentamento cristão não vem de fora para dentro, mas de dentro para fora.

O filósofo cristão Dallas Willard define contentamento como a "alegria fundamentada na certeza de que a vida no Reino de Deus é suficiente, mesmo quando a vida não é fácil". Essa definição nos convida a viver com uma perspectiva eterna: focar na presença de Deus em nós, não nas ausências ao nosso redor.

A cultura atual insiste que a felicidade está sempre em outro lugar — em outra fase da vida, em outra conquista, em outro corpo, em outro status. Mas o evangelho nos convida a viver o agora com fé e gratidão. Não se trata de conformismo, mas de santificação da realidade: olhar para o que temos com olhos de graça.

A neurociência afirma que a prática intencional da gratidão ativa áreas cerebrais ligadas à felicidade e ao bem-estar. Estudos demonstram que pessoas gratas são mais resilientes, otimistas e satisfeitas com a vida. Isso confirma o que a Bíblia já ensinava há milênios: "Deem graças em todas as circunstâncias..." (1 Tessalonicenses 5:18).

Contentamento é fruto do Espírito (Gálatas 5:22-23). Ele cresce quando cultivamos uma vida de oração, dependência e intimidade com o Pai. E floresce quando aprendemos a ver nossas limitações como oportunidades para experimentar o cuidado e a provisão de Deus.

O segredo do contentamento está em quem habita em nós, não no que temos ao redor. E quando aprendemos a viver sustentados por Cristo, descobrimos que podemos todas as coisas — inclusive viver com paz em meio à escassez, alegria em meio à simplicidade e esperança em toda e qualquer situação.

EXERCÍCIO *PRÁTICO DA SEMANA*

- Leia Filipenses 4:10-13 e destaque as palavras que mais falam com você. Anote-as em um cartão e mantenha visível durante a semana.
- Faça uma lista de áreas em que você tem se sentido insatisfeito. Ao lado, escreva uma razão para agradecer em cada uma delas.
- Crie um "Diário de Contentamento", onde anotará diariamente três bênçãos simples do seu dia.
- Escolha um pequeno ato de generosidade como expressão de gratidão — abençoe alguém com tempo, palavras ou recursos.

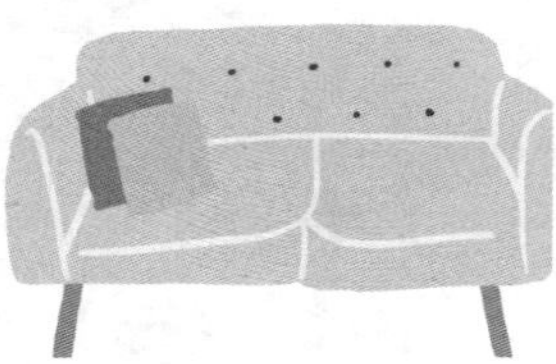

PRATICANDO GRATIDÃO COMO ANTÍDOTO À COMPARAÇÃO

27 SEMANA

A gratidão é uma prática espiritual e emocional poderosa, que transforma nossa maneira de ver a vida e reposiciona o coração diante de Deus. Quando cultivamos gratidão intencionalmente, desviamos o foco daquilo que falta para aquilo que já temos, e reconhecemos a ação do Senhor mesmo nos pequenos detalhes. Nesse movimento, a comparação perde força e a paz encontra espaço.

Em Lucas 17, Jesus cura dez leprosos, mas apenas um volta para agradecer. Jesus então pergunta: "Não foram dez os limpos? E onde estão os nove?" (v.17). A gratidão não era esperada como regra, mas era desejada como resposta de fé. Aquela expressão de reconhecimento revelou o coração daquele homem — e Jesus o declarou salvo. A gratidão é mais que educação; é um ato de fé.

O teólogo G. K. Chesterton disse: "A gratidão é a mais elevada forma de pensamento, e a gratidão a Deus é a mais pura forma de oração." Quando agradecemos, algo se move dentro de nós: a escassez dá lugar à abundância interior, o olhar doente se torna restaurado, e o espírito se enche de esperança.

A comparação nasce da carência, mas a gratidão nasce da percepção. É possível ser grato mesmo em meio a lutas — não pelo problema em si, mas pela presença de Deus no processo. A prática da gratidão abre os olhos espirituais para ver o cuidado divino onde antes só havia reclamação ou inveja. É um exercício de fé diário.

A psicologia positiva mostra que a gratidão reduz os níveis de cortisol (o hormônio do estresse), melhora o sono, fortalece os vínculos sociais e aumenta a felicidade. Espiritualmente, ela é uma disciplina que nos treina para a adoração contínua, como está escrito em Salmos 100:4: "Entrai pelas portas dele com gratidão..."

A comparação enfraquece; a gratidão fortalece. Quando decidimos agradecer, mesmo sem "sentir vontade", damos um passo em direção à cura da alma. E com o tempo, esse hábito se torna estilo de vida. Gratidão é o alicerce da verdadeira adoração.

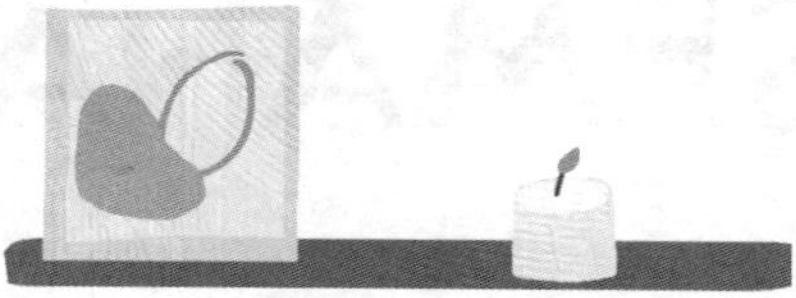

Gratidão é resistência contra a cultura da comparação. É uma decisão consciente de valorizar o que Deus já fez, está fazendo e ainda fará. Quando a gratidão habita o coração, o contentamento floresce — e a vida se torna um terreno fértil para a paz, a fé e a verdadeira alegria.

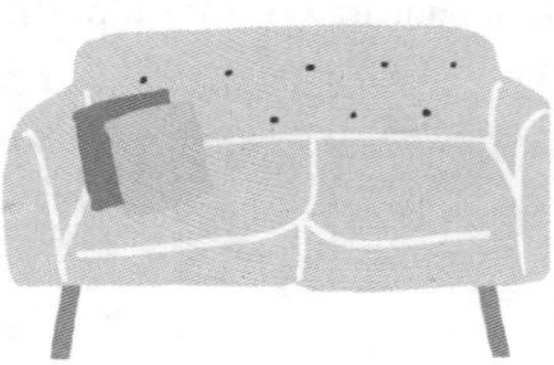

EXERCÍCIO
PRÁTICO DA SEMANA

- Ao acordar e antes de dormir, anote três motivos pelos quais você é grato naquele dia. Seja específico e sincero.
- Leia Lucas 17:11-19 e reflita: com qual dos dez leprosos você se identifica? Escreva uma oração em resposta.
- Compartilhe com alguém uma bênção recente que você reconhece como vinda de Deus.
- Faça uma ação prática de gratidão: escreva um bilhete, envie uma mensagem ou ore por alguém que marcou sua caminhada.

28 SEMANA

O contentamento verdadeiro não nasce de uma vida sem desafios, mas da certeza de que Deus é suficiente em todas as circunstâncias. A suficiência de Deus não é apenas teológica — é prática, afetiva e espiritual. Quando aprendemos a descansar nessa suficiência, deixamos de buscar em fontes externas aquilo que só ele pode preencher. Essa confiança transforma a maneira como vivemos, escolhemos e sentimos.

Em 2 Coríntios 3:5, Paulo afirma: "Não que possamos reivindicar qualquer coisa com base em nossos próprios méritos, mas a nossa capacidade vem de Deus." Essa declaração revela uma vida totalmente ancorada na dependência divina. Reconhecer que tudo vem de Deus é o primeiro passo para descansar nele. E descansar não é desistir — é confiar.

A suficiência de Deus nos convida a abandonar o ritmo acelerado da comparação e abraçar o ritmo da graça. Ele conhece nosso limite, nossas estações, nossas lutas. A vida não precisa ser perfeita para ser plena — basta estar alinhada com a vontade de Deus. Como o salmista escreve: "O Senhor é o meu pastor; de nada terei falta" (Salmo 23:1). Essa promessa não significa ausência de dificuldades, mas presença de provisão em todas elas.

O filósofo cristão Dallas Willard descrevia a vida com Deus como "um descanso ativo" — uma vida em que fazemos nossa parte, mas não carregamos o fardo sozinhos. Confiar na suficiência de Deus é abandonar a pretensão de controlar tudo. É aprender a viver com leveza, porque sabemos que temos um Pai que cuida.

A psicologia reforça a importância da confiança segura em uma figura protetora como base para a saúde emocional. Na fé cristã, essa figura é o próprio Deus. Quando descansamos nele, mesmo diante das limitações, inseguranças e expectativas frustradas, encontramos equilíbrio e paz.

A comparação nos empurra para a corrida do desempenho; o contentamento nos conduz ao descanso da suficiência. Em vez de provar valor, descansamos no valor que já nos foi dado. Em vez de conquistar aceitação, vivemos a partir da aceitação. Isso muda tudo.

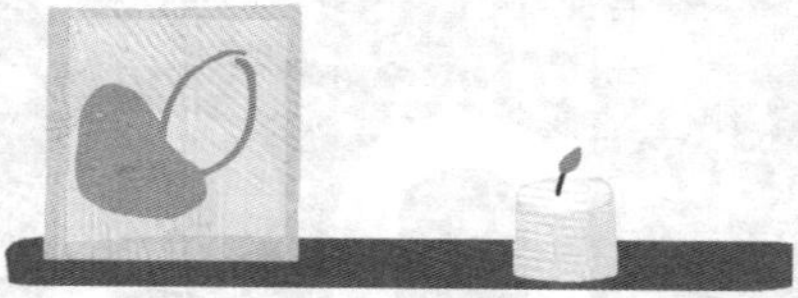

Descansar na suficiência de Deus é um ato de fé, resistência e sabedoria. É viver de forma contracultural em um mundo que grita por mais, e responder com: "O que tenho em Deus é suficiente." A verdadeira liberdade está em saber que ele basta — e que nele, somos plenamente cuidadas, guiadas e amadas.

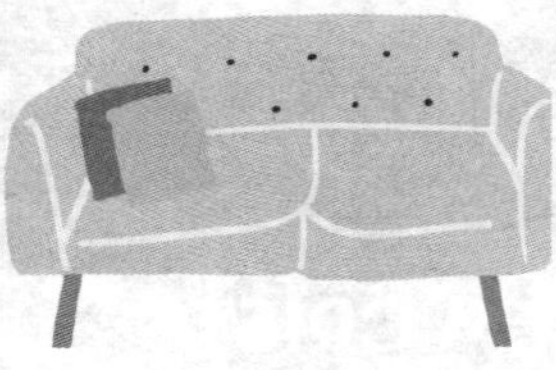

EXERCÍCIO
PRÁTICO DA SEMANA

- Reflita sobre áreas da sua vida em que você tem tentado "dar conta sozinho". Entregue essas áreas a Deus em oração.
- Medite no Salmo 23, especialmente no versículo 1. Escreva o que significa, para você, declarar que "nada me faltará".
- Escolha um dia da semana para desacelerar e dedicar tempo de descanso com Deus: um momento de oração, leitura, silêncio ou contemplação.
- Anote três formas pelas quais Deus tem provado ser suficiente para você — em provisão, direção ou consolo.

08

MÊS

REJEIÇÃO E ACEITAÇÃO EM CRISTO

FERIDAS DA REJEIÇÃO E O ANSEIO POR PERTENCIMENTO

29 SEMANA

A rejeição é uma das dores mais profundas que o coração humano pode sentir. Seja ela explícita ou sutil, vivida na infância, em relacionamentos amorosos, amizades, ambiente familiar ou até mesmo na igreja, a rejeição tem o poder de marcar a alma e distorcer a identidade. A mensagem que ela transmite é: "você não é suficiente, você não é desejado, você não pertence."

Essas feridas podem gerar insegurança crônica, medo de se abrir novamente, necessidade constante de aprovação e até comportamentos autossabotadores. A dor da rejeição não é só emocional, mas espiritual. Porque fere aquilo que fomos criados para experimentar: amor, pertencimento e aceitação.

Jesus também experimentou a rejeição. Isaías 53:3 o descreve como "desprezado e rejeitado pelos homens, um homem de dores e experimentado no sofrimento." Ele foi traído, negado, abandonado pelos seus discípulos e rejeitado por aqueles que veio salvar. Nenhuma dor é tão obscura que ele não tenha conhecido. Isso nos consola, pois ele entende e se compadece.

A psicologia mostra que a rejeição ativa áreas do cérebro semelhantes às da dor física. Somos, biologicamente e espiritualmente, feitos para o vínculo. E quando esse vínculo é rompido, o impacto é profundo. Mas o evangelho nos revela que há uma cura para essa dor: a aceitação radical de Deus.

Em Efésios 1:6, lemos que fomos "feitos agradáveis a Deus no Amado" (Jesus). Isso significa que, em Cristo, já somos aceitos. Não por mérito, aparência ou desempenho, mas por graça. O Pai nos olha através do Filho e nos recebe como filhos amados. Essa verdade cura as raízes da rejeição, porque planta uma nova convicção: "eu sou querido por Deus."

O autor Brennan Manning dizia que "definimo-nos pelo amor que nos é dado." Se permitirmos que a rejeição dos outros nos defina, viveremos em constante medo e carência. Mas se permitirmos que o amor de Deus seja o alicerce da nossa identidade, seremos livres.

A rejeição deixa marcas, mas a aceitação em Cristo tem poder para reescrever a história. Quando nos enraizamos nesse amor incondicional, somos libertos do medo da desaprovação e capacitados a amar com liberdade. O que o mundo descartou, Deus escolheu — e em suas mãos, somos plenamente acolhidos.

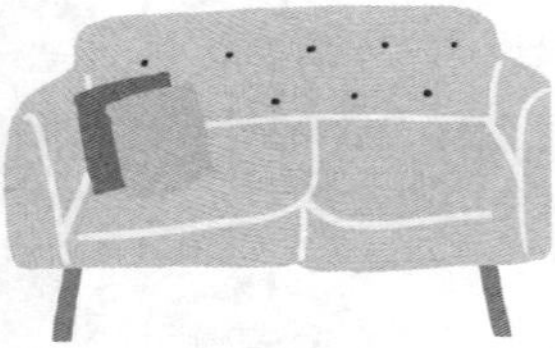

EXERCÍCIO
PRÁTICO DA SEMANA

- Reflita e anote memórias marcantes de rejeição em sua vida. Como essas experiências impactaram sua forma de se relacionar?
- Medite em Efésios 1:6 e escreva uma declaração de identidade baseada nesse versículo: "Em Cristo, eu sou..."
- Escreva uma carta para si mesmo, como se fosse Deus falando com você, acolhendo sua dor e afirmando seu valor.
- Ore pedindo a cura das feridas de rejeição e peça ao Espírito Santo que revele o amor do Pai de forma renovada.

30 SEMANA

A cura das feridas da rejeição passa, inevitavelmente, por uma reconstrução da identidade. A maneira como nos vemos é moldada pelas experiências que vivemos e pelas palavras que ouvimos ao longo da vida. Quando essas experiências são marcadas por rejeição, a imagem que formamos de nós mesmos se torna distorcida, frágil e instável. Precisamos, então, recomeçar esse processo a partir de uma nova base: a aceitação incondicional de Deus.

A Bíblia nos mostra que, em Cristo, recebemos uma nova identidade. Não somos mais definidos por rejeições passadas, erros cometidos ou julgamentos recebidos. Em 1 Pedro 2:9, lemos: "Vocês, porém, são geração eleita, sacerdócio real, nação santa, povo exclusivo de Deus..." Essa é a linguagem do amor divino. Deus não apenas nos tolera — ele nos escolheu.

A psicologia afirma que a identidade é construída na relação com o outro. Por isso, uma identidade curada exige uma relação restauradora — e essa relação é encontrada em Cristo. Nele, descobrimos que somos desejados, valiosos, dignos de amor. Não por nossas conquistas, mas por quem ele é. Como afirma o teólogo Timothy Keller: "Em Cristo, somos mais pecadores do que ousamos acreditar, e mais amados do que ousamos esperar."

Essa verdade precisa sair da mente e alcançar o coração. Precisamos meditar nela, repetir, declarar, até que se torne mais forte do que as vozes da rejeição. Nossa identidade precisa ser reafirmada diariamente: "Sou filho amado do Pai. Sou aceito no Amado. Sou completamente conhecido e ainda assim profundamente amado."

A mulher samaritana, em João 4, é um exemplo de identidade curada. Rejeitada por sua comunidade, marcada por relacionamentos rompidos, ela encontra em Jesus a aceitação que transforma. Após o encontro com o Messias, ela se torna uma proclamadora da verdade. A cura veio não com promessas humanas, mas com a revelação de quem ela era aos olhos de Deus.

Essa identidade não depende de sentimentos, mas da Palavra. Mesmo quando não nos sentimos aceitos, permanecemos aceitos. Mesmo quando nos sentimos sozinhos, continuamos pertencentes. A fé se fortalece quando é alimentada pela verdade e não pelas emoções passageiras.

Ser curada pela aceitação de Deus é um processo. Mas cada passo dado nessa direção nos aproxima de viver com segurança, liberdade e alegria. Em Cristo, temos um nome, um lugar, um propósito. E isso é suficiente para nos manter firmes, mesmo diante das rejeições do mundo.

EXERCÍCIO
PRÁTICO DA SEMANA

- Escreva uma lista de frases de identidade baseadas na Palavra. Leia-as em voz alta todos os dias pela manhã.
- Medite em 1 Pedro 2:9. Reescreva esse versículo com suas próprias palavras, aplicando à sua realidade.
- Identifique uma mentira de rejeição que você tem acreditado e substitua por uma verdade bíblica.
- Escolha um versículo sobre identidade em Cristo e escreva à mão em um cartão para carregar com você.

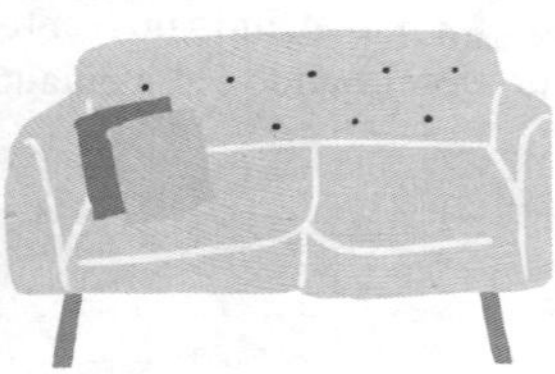

31 SEMANA

SUPERANDO O MEDO DA REJEIÇÃO NOS RELACIONAMENTOS

Uma das maiores sequelas da rejeição é o medo constante de ser rejeitada novamente. Esse medo cria barreiras emocionais, impede conexões saudáveis e nos mantém em um estado de alerta constante. Por vezes, assumimos posturas defensivas, controladoras ou excessivamente agradáveis como formas de evitar novas feridas. Mas viver com medo é viver à margem do amor verdadeiro.

A Bíblia afirma que "no amor não há medo; antes, o perfeito amor lança fora o medo" (1 João 4:18). Essa verdade nos desafia a confiar no amor de Deus como base para todos os nossos relacionamentos. Quando nos sentimos profundamente amados e aceitos por ele, tornamo-nos mais livres para amar — mesmo com o risco da rejeição.

A escritora Brené Brown explica que a vulnerabilidade é o caminho para conexões autênticas. No entanto, é também onde mais tememos ser feridos. Por isso, muitas vezes escolhemos a segurança da superficialidade em vez da profundidade das relações reais. Mas não há transformação sem exposição. E o amor só floresce onde há verdade.

Jesus, mesmo conhecendo a traição de Judas e a negação de Pedro, escolheu amar até o fim. Ele não se blindou, não se fechou. Ele amou de forma escandalosa e sacrificial. Esse amor é nosso modelo — e também nossa força. Quando amamos a partir da plenitude que temos em Cristo, não esperamos que o outro nos complete, mas oferecemos a partir da abundância recebida.

Superar o medo da rejeição nos relacionamentos exige intencionalidade. É preciso aprender a comunicar nossos limites, expectativas e sentimentos com clareza e respeito. É preciso discernir com quem vale a pena se abrir, e construir confiança com sabedoria. Mas é igualmente importante se permitir viver com o coração aberto.

Não somos chamados a viver relações perfeitas, mas relações verdadeiras. E, mesmo quando formos feridos — porque inevitavelmente seremos — podemos recorrer àquele que nos cura, consola e restaura. O amor de Deus é o nosso lar seguro, e é nele que aprendemos a amar sem medo.

O medo da rejeição não precisa ser o roteiro da sua vida. Em Cristo, você pode viver com o coração inteiro, disposto a se relacionar com profundidade, autenticidade e esperança. Amar vale a pena — especialmente quando o amor parte de um coração que sabe que já é completamente aceito por Deus.

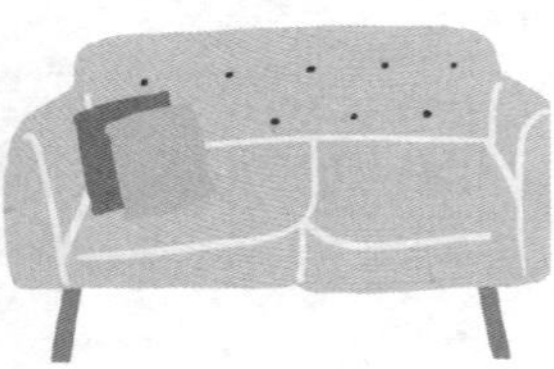

EXERCÍCIO
PRÁTICO DA SEMANA

- Reflita sobre como o medo de rejeição tem afetado seus relacionamentos. Escreva sobre isso com sinceridade.
- Medite em 1 João 4:18. Escreva como essa verdade pode mudar sua forma de amar e se relacionar.
- Escolha uma relação significativa em sua vida e dê um passo intencional em direção à vulnerabilidade — uma conversa sincera, um pedido de perdão, uma escuta atenta.
- Ore pedindo coragem para amar com liberdade, sabedoria para discernir relacionamentos saudáveis e cura para feridas antigas.

32 SEMANA

VIVENDO A ACEITAÇÃO COMO ESTILO DE VIDA

Viver a aceitação em Cristo como estilo de vida é mais do que um conceito espiritual — é uma postura prática e diária. É decidir, todos os dias, não se definir pelas opiniões, rejeições ou validações externas, mas pela verdade imutável de que somos amados por Deus. Quando essa convicção se torna parte da nossa consciência, ela muda nossa linguagem, nossas escolhas e nossos relacionamentos.

Aceitação não é passividade nem conformismo. É a segurança de que já fomos escolhidos, amados e incluídos no coração do Pai. Em Romanos 8:15, Paulo nos lembra que não recebemos "espírito de escravidão, para outra vez estardes em temor, mas... o Espírito de adoção, pelo qual clamamos: Aba, Pai." Essa adoção nos reposiciona. De rejeitados a filhos. De carentes a completos. De invisíveis a conhecidos.

Adotar a aceitação como estilo de vida significa tratar a si mesmo com gentileza, reconhecer o valor da sua história e praticar a compaixão com o próximo. Pessoas curadas em Deus se tornam agentes de cura. Quem vive acolhido, acolhe. Quem foi aceito, aprende a aceitar. Não com permissividade, mas com misericórdia.

A aceitação em Cristo também nos liberta da necessidade de agradar a todos. Isso não significa viver com arrogância ou indiferença, mas com sabedoria e liberdade. Como disse a autora Lysa TerKeurst: "Viver para agradar a todos é o caminho mais rápido para esquecer quem somos." A aceitação em Cristo nos lembra que agradar a Deus é suficiente.

Jesus viveu essa verdade de forma plena. Ele sabia quem era, de onde vinha e para onde ia (João 13:3). Sua identidade era firme, mesmo diante do abandono, da crítica e da cruz. Nele, encontramos o exemplo perfeito de alguém que viveu a aceitação como liberdade.

Viver a aceitação como estilo de vida é escolher, a cada dia, andar com leveza e verdade. É viver com o coração livre da prisão da aprovação humana, ancorado na certeza do amor eterno de Deus. E essa liberdade é o solo fértil onde florescem relacionamentos saudáveis, atitudes corajosas e uma fé inabalável.

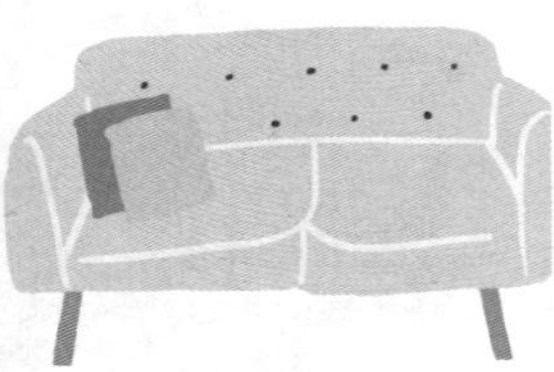

EXERCÍCIO
PRÁTICO DA SEMANA

- Escreva uma lista de afirmações baseadas na Palavra que você deseja internalizar sobre sua identidade e aceitação. Leia em voz alta diariamente.
- Reflita sobre atitudes e escolhas que você tem feito apenas para se sentir aceito. O que pode mudar a partir da sua aceitação em Cristo?
- Escolha uma pessoa próxima e ofereça aceitação intencional: escute sem julgar, afirme seu valor, pratique empatia.
- Ore pedindo que o Espírito Santo fortaleça em você a consciência de filho amado, e que essa verdade seja o fundamento da sua vida.

09

MÊS

LUTO E ESPERANÇA

33 SEMANA

O luto é uma das experiências mais profundas da existência humana. Ele surge não apenas diante da morte física, mas também de perdas simbólicas: o fim de um relacionamento, a perda de um sonho, a saída de uma fase da vida. Lidar com o luto é entrar num território sagrado e delicado, onde a alma grita perguntas e a dor parece obscurecer qualquer sentido. É natural, humano e espiritual lamentar.

Na Bíblia, vemos que até Jesus chorou diante da morte de Lázaro (João 11:35). Ele não negou a tristeza, não espiritualizou o momento com frases prontas. Ele se comoveu, chorou, compartilhou a dor. Isso nos mostra que o luto não é sinal de falta de fé — é expressão do amor que sentimos por aquilo que perdemos.

A psicóloga Elisabeth Kübler-Ross descreveu cinco estágios do luto: negação, raiva, negociação, depressão e aceitação. Esses estágios não seguem uma ordem rígida, nem são vividos da mesma maneira por todos. São apenas um mapa possível de um território caótico. O importante é saber que há espaço para sentir, questionar, gritar, silenciar.

Davi, nos Salmos, nos ensina a lamentar com fé. Ele não disfarça sua dor, mas a transforma em oração. "Até quando, Senhor? Para sempre te esquecerás de mim?" (Salmo 13:1). Esse lamento sincero é também um ato de fé — porque ele continua falando com Deus, mesmo sem entender. O luto, à luz da fé, não é ausência de dor, mas presença de Deus na dor.

A esperança começa a florescer quando reconhecemos que a perda não tem a palavra final. O apóstolo Paulo escreve: "Irmãos, não queremos que vocês sejam ignorantes quanto aos que dormem, para que não se entristeçam como os outros que não têm esperança." (1 Tessalonicenses 4:13). A dor é real, mas não definitiva. A morte não é o fim para aqueles que estão em Cristo.

Lidar com o luto exige paciência com o próprio coração. É necessário tempo, acolhimento, espaço para a saudade e, sobretudo, graça. Deus não exige rapidez no processo, mas sinceridade no caminhar. E *ele caminha conosco.*

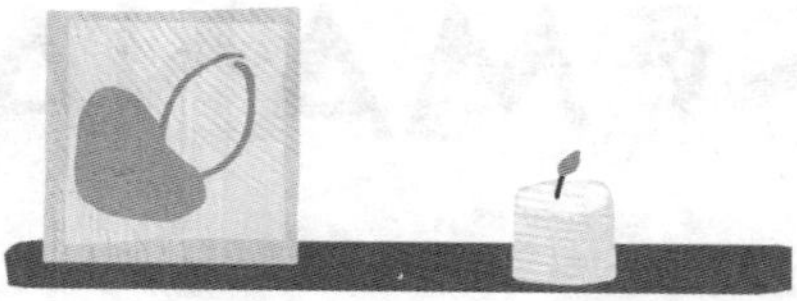

O luto dói, mas também pode ser um lugar de profundo encontro com Deus. Ele é o Deus que enxuga cada lágrima (Apocalipse 21:4), que recolhe nosso pranto em seu odre (Salmo 56:8), e que promete transformar nossa tristeza em dança (Salmo 30:11). No meio da perda, podemos confiar: *Ele está aqui.*

EXERCÍCIO
PRÁTICO DA SEMANA

- Escreva uma carta de despedida a algo ou alguém que você perdeu. Expresse seus sentimentos com verdade.
- Leia o Salmo 13 e transforme-o em uma oração pessoal.
- Identifique pessoas que podem te acompanhar com empatia nesse processo de luto. Procure-as.
- Escolha um símbolo para marcar essa perda: uma vela, uma pedra, uma flor — algo que represente seu processo de cura.

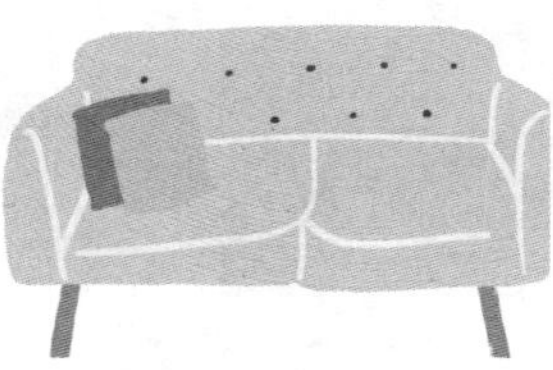

CONSOLAÇÃO E PRESENÇA DE DEUS EM MEIO À PERDA

34 SEMANA

Em meio à dor do luto, a presença de Deus se revela como o consolo mais profundo que podemos experimentar. A Bíblia nos apresenta um Deus que não está distante do nosso sofrimento, mas que se aproxima de corações quebrantados. Em Salmo 34:18 está escrito: "O Senhor está perto dos que têm o coração quebratado e salva os de espírito abatido." Essa promessa nos lembra que, mesmo quando não vemos solução, temos companhia.

O consolo divino não anula a dor, mas a acolhe. Não silencia o pranto, mas o recolhe. Ele se manifesta de maneira sutil — num versículo lido, numa oração sentida, num abraço recebido, numa canção que toca a alma. O Espírito Santo é chamado de Consolador (João 14:16), e essa não é uma metáfora: Ele é real, presente, atuante, e conhece cada detalhe do que sentimos.

o teólogo Henri Nouwen escreveu que "nenhuma lágrima é derramada em vão quando colocada nas mãos de Deus." Ele transforma lamento em louvor, desespero em esperança. Isso não acontece instantaneamente, mas gradualmente, à medida que permitimos que ele entre em nossa dor.

O profeta Isaías descreve Jesus como "homem de dores e experimentado nos sofrimentos" (Isaías 53:3). Isso significa que ele sabe o que é perder, o que é sofrer, o que é chorar. Quando clamamos por consolo, ele não nos responde com frases feitas, mas com presença verdadeira. E é essa presença que sustenta.

A psicologia nos ensina que o processo de cura do luto se torna mais saudável quando há espaço para expressar emoções e quando não se vive a dor sozinha. Deus, em sua sabedoria, nos criou para a comunhão — com ele e com o próximo. Por isso, o consolo de Deus frequentemente vem por meio de pessoas: amigos, família, irmãos na fé.

Maria e Marta, ao perderem Lázaro, receberam consolo da presença de Jesus. Ele chorou com elas, antes de realizar o milagre (João 11:35). Isso mostra que o consolo precede até mesmo a solução. Deus não apenas resolve; ele permanece.

Mesmo quando tudo parece escuro, Deus está presente. O consolo que ele oferece não apaga o passado, mas acalma o presente e aponta para um futuro de esperança. *Ele é Deus conosco — nas alegrias e nas lágrimas.*

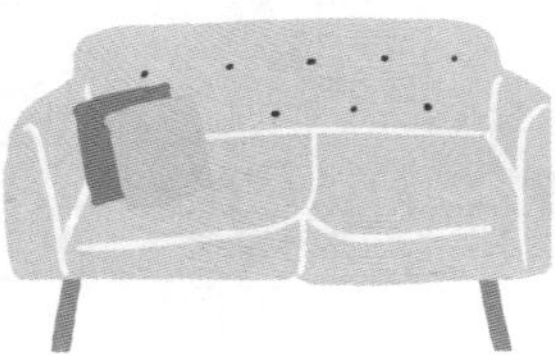

EXERCÍCIO
PRÁTICO DA SEMANA

- Reflita sobre formas pelas quais você já experimentou consolo em tempos de dor. Anote essas memórias como lembretes da fidelidade de Deus.
- Leia o Salmo 34:18 diariamente, deixando que ele se torne uma verdade interior.
- Encontre um momento de silêncio, respire profundamente e convide o Espírito Santo a se manifestar como Consolador.
- Seja instrumento de consolo para alguém que esteja passando por perda: envie uma mensagem, ouça sem pressa, ore por ela.

35 SEMANA

A ESPERANÇA DA ETERNIDADE E O REENCONTRO PROMETIDO

O luto nos fere com a realidade da separação, mas a fé nos consola com a promessa do reencontro. A dor que sentimos por quem partiu não anula a esperança que carregamos: em Cristo, a morte não é ponto final, mas vírgula na eternidade. Essa é uma das verdades mais preciosas do evangelho: há vida além da morte, e há reencontro para aqueles que estão em Cristo.

Paulo escreve aos coríntios: "Se é somente para esta vida que temos esperança em Cristo, somos, de todos os homens" (1 Coríntios 15:19). Ele nos lembra que a fé cristã não está limitada ao agora. Nossa esperança vai além das fronteiras do tempo. Cremos na ressurreição, na eternidade e na restauração final de todas as coisas.

A Bíblia nos oferece imagens de um futuro glorioso: "Ele enxugará dos seus olhos toda lágrima. Não haverá mais morte, nem tristeza, nem choro, nem dor" (Apocalipse 21:4). Essa não é uma fantasia escapista, mas uma promessa firme daquele que venceu a morte. Jesus não apenas nos consola hoje, mas também garante um amanhã eterno.

O teólogo N. T. Wright ensina que o cristianismo não prega uma fuga do mundo, mas uma renovação do mundo. A esperança cristã é corporal, real, tangível. Assim como Jesus ressuscitou com um corpo glorificado, nós também seremos ressuscitados. Haverá um novo céu e uma nova terra, onde o luto será desconhecido.

Essa esperança transforma o modo como vivemos o presente. Nos fortalece na dor, nos consola na saudade, nos encoraja a continuar. Ela nos lembra de que o tempo aqui é breve, e que a eternidade nos aguarda. Não vivemos para a morte, mas para a vida que não termina.

Para quem perdeu alguém que estava em Cristo, a esperança é mais do que memória — é certeza. Não apagamos a saudade, mas a suavizamos com a expectativa do reencontro. E para aqueles que ainda não conhecem essa esperança, podemos ser portadores de consolo e luz.

O luto é real, mas a esperança também é. Em Cristo, a vida vence. E enquanto a saudade existir, o céu nos lembra que o amor não foi interrompido, apenas adiado. O reencontro virá. *E será eterno.*

EXERCÍCIO
PRÁTICO DA SEMANA

- Leia 1 Coríntios 15:42-57. Sublinhe trechos que fortalecem sua fé na ressurreição.
- Escreva uma oração agradecendo a Deus pela esperança da eternidade.
- Reflita sobre como a certeza do reencontro pode transformar sua forma de viver o presente.
- Compartilhe essa esperança com alguém que esteja em luto, sendo canal de consolo e fé.

ENCONTRANDO PROPÓSITO MESMO EM MEIO À DOR

36 SEMANA

A dor do luto pode parecer paralisante. Em certos momentos, tudo o que se deseja é que o tempo pare ou retroceda. No entanto, em Cristo, mesmo a dor mais profunda pode ser transformada em semente de propósito. A esperança cristã não nega o sofrimento, mas revela que, com Deus, até o choro pode gerar frutos de vida.

José, no Antigo Testamento, é um exemplo de alguém que experimentou perdas e rejeições sucessivas, mas encontrou um propósito maior em meio à sua dor. Anos depois de ter sido vendido como escravo por seus próprios irmãos, ele declara: "Vocês planejaram o mal contra mim, mas Deus o tornou em bem..." (Gênesis 50:20). Essa perspectiva é fruto de um coração que aprendeu a confiar no plano soberano de Deus mesmo nos momentos de silêncio e ausência.

A dor não precisa ser o fim da história. Muitas vezes, ela se torna o ponto de partida para algo novo. Mulheres que sofreram perdas profundas têm se tornado consoladoras de outras. Pessoas que experimentaram luto encontram força para cuidar, servir e acolher com empatia. É o que Paulo chama de "com a consolação que recebemos de Deus" (2 Coríntios 1:4).

A psicologia afirma que o sofrimento pode levar ao crescimento pós-traumático — um desenvolvimento emocional, espiritual e relacional que ocorre justamente depois de experiências difíceis. No contexto da fé, esse crescimento é regado pelo Espírito Santo, que nos ensina a transformar dor em compaixão, perda em propósito, saudade em esperança ativa.

O próprio Jesus, ao ressuscitar, não voltou com um corpo sem marcas. Suas feridas estavam ali, visíveis. Mas agora eram sinais de vitória, não de derrota. Da mesma forma, as cicatrizes que o luto nos deixa podem se tornar marcas sagradas de amor vivido e fé amadurecida.

Encontrar propósito em meio à dor não significa ignorar o sofrimento, mas permitir que Deus escreva novos capítulos a partir dele. É perguntar em oração: "Senhor, o que o Senhor quer gerar em mim e através de mim a partir desta perda?" A resposta pode não ser imediata, mas virá — *e será cheia de graça.*

A dor transforma, mas em Deus, ela pode também redimir. Cada lágrima, cada ausência, cada saudade pode se tornar parte de um propósito maior. E quando nos permitimos ser conduzidos pelo Espírito mesmo no vale, ele nos mostra que ainda há vida — *e vida com sentido.*

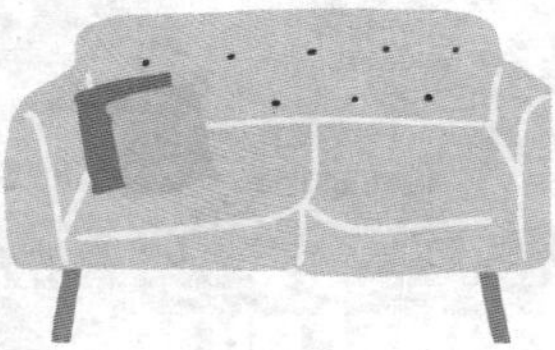

EXERCÍCIO
PRÁTICO DA SEMANA

- Escreva sobre algo que você perdeu e reflita sobre o que essa experiência ensinou ou está ensinando a você.
- Ore pedindo a Deus que revele um novo propósito que possa nascer a partir da dor.
- Identifique alguém que esteja sofrendo e busque ser instrumento de consolo em sua vida.
- Leia 2 Coríntios 1:3-7 e sublinhe os versículos que mais falam ao seu coração.

10 MÊS

CULPA INJUSTA E PERDÃO INTERIOR

37 SEMANA

QUANDO A CULPA NÃO É NOSSA, MAS NOS AFETA PROFUNDAMENTE

Nem toda culpa que sentimos é legítima. Muitas vezes, carregamos pesos que não nos pertencem: palavras que nos feriram, situações que fugiram do nosso controle, julgamentos injustos, responsabilidades atribuídas por outros que não refletem a verdade de quem somos. Essa "culpa injusta" é uma das mais silenciosas e corrosivas. Ela se instala como uma sombra e distorce nossa identidade.

A Bíblia nos mostra que há momentos em que pessoas justas foram acusadas de maneira injusta. José foi preso injustamente (Gênesis 39), Davi foi perseguido por Saul sem motivo (1 Samuel 18), e o próprio Jesus foi condenado mesmo sendo inocente. O fato de sermos acusados ou culpabilizados por algo não significa que sejamos realmente culpados.

A psicologia chama esse fenômeno de "culpa introjetada" — quando absorvemos a culpa de outro como se fosse nossa. Isso acontece especialmente em contextos de abuso emocional, manipulação ou vínculos familiares disfuncionais. Filhos podem carregar a culpa de separações. Mulheres podem sentir culpa por abusos que sofreram. Pessoas podem se culpar por não terem "evitado" tragédias. Mas essa culpa não é justa. E Deus deseja libertar.

Jesus nos convida a lançar sobre ele todo peso (Mateus 11:28). Isso inclui culpas injustas. Ele conhece a verdade mais profunda da nossa história. Ele nos olha com compaixão e nos oferece cura. O perdão interior começa quando paramos de aceitar acusações que não vêm de Deus e começamos a ouvir a voz que nos chama pelo nome.

Como escreve o Salmo 139, Deus nos conhece completamente. Ele sabe de nossas intenções, lutas e limitações. Ele não nos acusa — ele nos acolhe. E onde o Espírito do Senhor está, aí há liberdade (2 Coríntios 3:17). Liberdade para viver sem máscaras, sem pesos, sem condenação.

Nem toda culpa é fruto de pecado. Às vezes, é fruto de mentiras que aceitamos. Mas a verdade liberta. E em Cristo, somos livres — não apenas do pecado que cometemos, mas também da culpa que nos foi injustamente imposta. Você não é o que te fizeram. Você é um filho amado, visto e acolhido pelo Deus que conhece toda a verdade.

EXERCÍCIO
PRÁTICO DA SEMANA

- Escreva situações em que você sente culpa, mas que, ao analisar com clareza, percebe que não era sua responsabilidade.
- Reflita sobre quais vozes têm alimentado essa culpa (pessoas, memórias, padrões). Ore entregando essas vozes ao Senhor.
- Leia o Salmo 139 inteiro. Grife as partes que reafirmam sua identidade diante de Deus.
- Escreva uma carta para si mesmo se perdoando, libertando-se daquilo que não é seu para carregar.

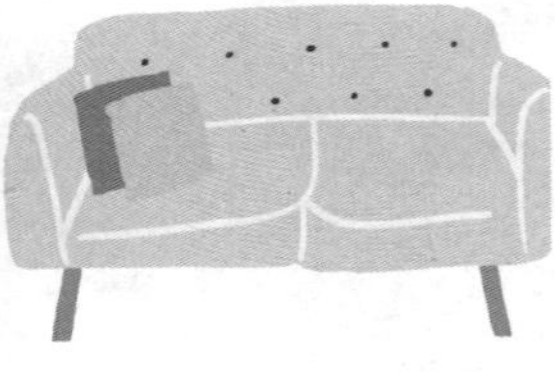

38 SEMANA

ROMPENDO COM A AUTOCONDENAÇÃO E OUVINDO A VOZ DA VERDADE

A autocondenação é uma prisão silenciosa. Ao contrário do arrependimento verdadeiro, que nos leva ao perdão e à restauração, a autocondenação nos aprisiona em um ciclo de culpa, vergonha e estagnação. Ela sussurra mentiras como "você não presta", "você sempre falha", "você nunca será suficiente". Essas vozes, muitas vezes internalizadas ao longo da vida, calcam-se mais em feridas do que em fatos.

A Palavra de Deus, porém, nos oferece um caminho diferente: "Agora já não há condenação para os que estão em Cristo Jesus," (Romanos 8:1). Essa declaração não é uma licença para o pecado, mas uma libertação da tirania da culpa constante. Em Cristo, somos chamados a viver em liberdade, não em escravidão emocional.

A psicóloga Brené Brown destaca que a vergonha cresce no silêncio e na ocultação, mas perde poder quando é exposta à luz da empatia e da verdade. A autocondenação se alimenta da escuridão — por isso, trazer essas vozes à luz da Palavra é o primeiro passo para rompê-las.

Jesus teve um encontro marcante com Pedro após sua tríplice negação. Ao invés de acusá-lo, ele o restaurou com perguntas que reafirmaram amor e propósito: "Tu me amas?" (João 21:15-17). A voz da verdade não ignora nossos erros, mas nos chama de volta ao caminho com ternura. Deus não nos define pelos nossos tropeços, mas pelo seu amor.

Rompemos com a autocondenação quando escolhemos substituir as mentiras que repetimos a nós mesmos pelas verdades que Deus declara sobre nós. Isso exige disciplina espiritual e emocional: meditar na Palavra, declarar a identidade em Cristo, cercar-se de pessoas que nos lembram quem somos de verdade.

Você não precisa viver refém da autocondenação. Em Cristo, você tem direito à liberdade, à verdade e à restauração. A voz da verdade já foi liberada: você é perdoado, amado, chamado pelo nome e restaurado para viver plenamente. O passado não dita mais quem você é — *a graça de Deus, sim.*

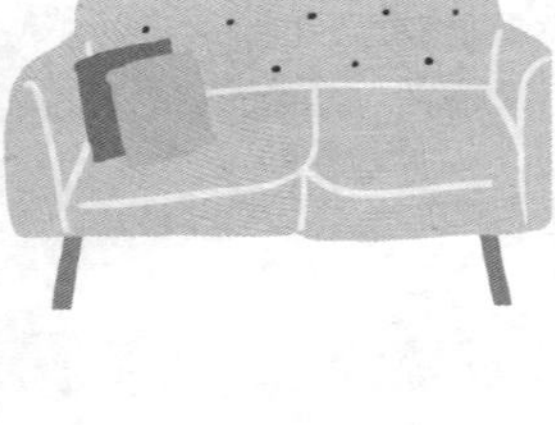

EXERCÍCIO
PRÁTICO DA SEMANA

- Identifique frases de autocondenação que você tem dito a si mesmo. Escreva-as.
- Ao lado de cada frase, escreva uma verdade bíblica que a substitui (ex: "Sou fracassado" → "Sou mais que vencedor em Cristo" – Romanos 8:37).
- Leia Romanos 8 em voz alta e medite na liberdade que há em Cristo.
- Grave um áudio com afirmações da Palavra sobre sua identidade e ouça diariamente.

39 SEMANA

O PERDÃO COMO LIBERTAÇÃO INTERIOR

Perdoar-se é um dos atos mais difíceis — e mais libertadores — que podemos viver. Muitas vezes, não conseguimos nos perdoar por decisões que tomamos, por palavras ditas, por escolhas que machucaram a nós mesmos ou a outros. Mesmo depois de termos sido perdoados por Deus, insistimos em reter a culpa dentro de nós. Mas esse ciclo de autopunição não gera transformação — apenas aprisiona.

O perdão interior é o caminho para a liberdade emocional e espiritual. É reconhecer que, embora tenhamos falhado, não estamos condenados. É aceitar a graça de Deus como suficiente também para nós, e não apenas para os outros. A cruz de Cristo é o lugar onde o perdão foi completamente conquistado. João declara: "Se confessarmos os nossos pecados, ele é fiel e justo para nos perdoar..." (1 João 1:9). Essa promessa não exclui nada — ela abrange tudo.

A escritora cristã Stormie Omartian afirma que "o perdão não muda o passado, mas abre as portas para um novo futuro". Quando decidimos nos perdoar, escolhemos caminhar em direção à cura. Não apagamos o que aconteceu, mas nos libertamos do peso de carregar a dor todos os dias.

Na Bíblia, vemos a história de Paulo, um perseguidor da igreja que se tornou apóstolo. Ele poderia ter vivido atormentado por seu passado, mas fez o contrário: "Esquecendo-me das coisas que ficaram para trás e avançando para as que estão adiante..." (Filipenses 3:13). Essa decisão não foi baseada em negação, mas em confiança no perdão de Deus.

Perdoar-se é também um ato de humildade. É admitir que não somos perfeitas, que precisamos de misericórdia, e que nossa redenção está em Cristo, não em nosso desempenho. A autocobrança constante revela, muitas vezes, uma tentativa de sermos nossa própria salvadora. Mas o evangelho nos ensina que já temos um Salvador.

Você não precisa viver refém do que passou. Em Cristo, você pode caminhar leve, curado, perdoado. Aceite o perdão de Deus — e aceite perdoar a si mesmo. Essa é uma das formas mais profundas de experimentar a graça.

EXERCÍCIO
PRÁTICO DA SEMANA

- Escreva uma carta a si mesmo, perdoando-se com base no que Deus já perdoou.
- Leia 1 João 1:9 e Filipenses 3:13-14. Medite sobre o significado pessoal dessas verdades.
- Faça uma oração específica reconhecendo o perdão de Deus sobre uma falha que você tem dificuldade em esquecer.
- Converse com alguém de confiança sobre esse processo. Falar é um passo importante na libertação interior.

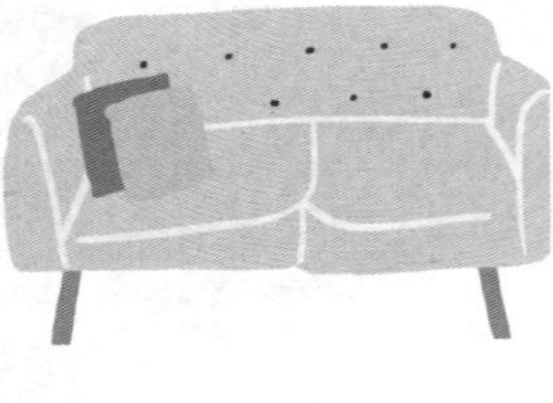

40 SEMANA

VIVENDO SEM CULPA DIANTE DE DEUS E DE SI MESMO

Viver sem culpa diante de Deus e de si mesmo é um dos frutos mais belos da liberdade cristã. Não se trata de insensibilidade ao pecado, mas de confiança no perdão, de maturidade espiritual e de uma identidade restaurada. É saber que nossa consciência está limpa não porque nunca erramos, mas porque o sangue de Cristo nos purifica de todo pecado (1 João 1:7).

A culpa resolvida não precisa mais ser remoída. Quando Deus perdoa, ele também se esquece: "Dos seus pecados e das suas iniquidades não me lembrarei mais" (Hebreus 10:17). Se o Deus que é santo, justo e perfeito escolhe não nos acusar, por que continuamos nos punindo?

A teologia da graça nos ensina que não somos aceitos por nossa perfeição, mas pela justiça de Cristo imputada a nós. Quando vivemos nessa verdade, descansamos. Isso não nos torna levianos com a santidade, mas gratos e comprometidos com uma vida transformada.

A psicologia também confirma que o sentimento de culpa prolongado afeta nossa saúde mental, gera ansiedade, depressão e até doenças psicossomáticas. Viver sem culpa é uma cura integral. É quando o corpo, a mente e o espírito reconhecem: está tudo pago. Já não há mais dívida.

Paulo, que poderia se consumir em remorso, escolheu a leveza da graça. Em 2 Coríntios 7:10, ele escreve: "A tristeza segundo Deus não produz remorso, mas sim um arrependimento que leva à salvação, e a tristeza segundo o mundo produz morte." Há uma tristeza que leva à vida — e outra que aprisiona. A diferença está em quem conduz nosso coração: o acusador ou o Espírito Santo.

Viver sem culpa é viver guiado pela verdade e não pela emoção. É viver com discernimento, humildade e coragem. É olhar para o passado com aprendizado, para o presente com paz e para o futuro com esperança.

Você pode viver sem culpa, sem medo, sem prisão. Em Cristo, a consciência é purificada, o passado é perdoado, o presente é restaurado e o futuro é promissor. *Caminhe leve. Caminhe com fé. Caminhe como quem já foi lavado pela graça.*

EXERCÍCIO
PRÁTICO DA SEMANA

- Ore pedindo ao Espírito Santo que revele se há alguma culpa escondida em seu coração.
- Escreva uma lista com os versículos que afirmam sua liberdade e purificação em Cristo.
- Toda vez que um pensamento acusador surgir, responda com a Palavra: "Nenhuma condenação há para os que estão em Cristo Jesus" (Romanos 8:1).
- Encontre maneiras de celebrar sua liberdade em Cristo: um tempo de adoração, uma conversa com uma amiga, um momento de gratidão.

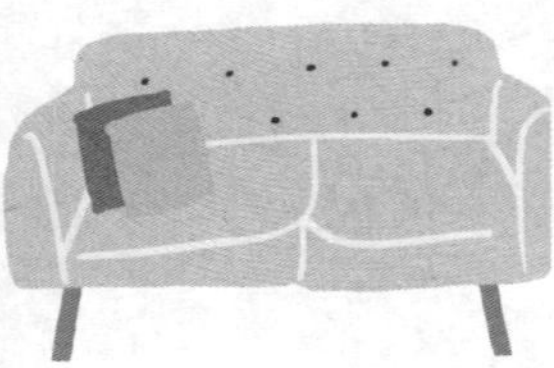

11 MÊS

VERGONHA E DIGNIDADE RESTAURADA

41 SEMANA

O FARDO DA VERGONHA E SUAS RAÍZES PROFUNDAS

A vergonha é mais do que um sentimento — é uma narrativa silenciosa que diz: "há algo de errado comigo". Ao contrário da culpa, que aponta para algo que fizemos, a vergonha foca em quem acreditamos ser. E esse sentimento, muitas vezes não verbalizado, pode se tornar uma prisão emocional e espiritual, limitando nossas ações, relacionamentos e até mesmo nossa comunhão com Deus.

A origem da vergonha está nas primeiras páginas da Bíblia. Após o pecado, Adão e Eva se esconderam e cobriram-se com folhas (Gênesis 3:7-10). A vergonha os fez fugir de Deus, de si mesmos e um do outro. Esse padrão se repete até hoje: quando nos sentimos indignos, nos escondemos. Não mostramos quem somos, não confiamos, não recebemos amor.

A psicóloga Brené Brown, referência em estudos sobre vulnerabilidade e vergonha, afirma que "vergonha é o medo de desconexão". Ou seja, quando acreditamos que algo em nós é tão vergonhoso que, se for exposto, nos tornará indignos de amor. Mas o evangelho nos traz uma resposta poderosa: em Cristo, somos vistos, conhecidos e ainda assim, profundamente amados.

Isaías 61:7 declara: "Em lugar da vossa vergonha, tereis dupla honra." Deus não apenas remove a vergonha — ele a transforma. Ele nos reveste com vestes de justiça (Isaías 61:10), nos restaura a dignidade e nos posiciona como filhos honrados. Essa restauração começa no momento em que paramos de fugir e escolhemos nos apresentar diante dele, com nossas dores e fragilidades.

Jesus teve encontros transformadores com pessoas marcadas pela vergonha. A mulher samaritana, o publicano Zaqueu, a mulher flagrada em adultério. Em todos esses encontros, ele ofereceu dignidade no lugar da humilhação, proximidade no lugar da exclusão, perdão no lugar do peso. Ele continua fazendo isso hoje.

A vergonha constrói muros, mas o amor de Deus constrói pontes. Em Cristo, não somos mais definidos pelo que tentamos esconder, mas pela dignidade que ele nos devolve quando escolhemos parar de fugir e nos deixar amar.

EXERCÍCIO
PRÁTICO DA SEMANA

- Reflita e escreva quais são as situações ou características em sua vida que geram sentimentos de vergonha.
- Leia Isaías 61:1-7 e declare sobre si mesmo as promessas de dignidade e restauração.
- Compartilhe com alguém de confiança (ou escreva em oração) algo que você tem escondido por vergonha.
- Visualize-se aos pés de Jesus, o que ele diria a você? Escreva isso como uma carta vinda do coração de Deus.
- A vergonha pode marcar, mas não precisa definir. Em Cristo, temos um novo nome, uma nova identidade e uma dignidade restaurada. Deus não se escandaliza com sua história — ele o redime. E cada parte que você esconde pode se tornar testemunho da graça que cura e transforma.

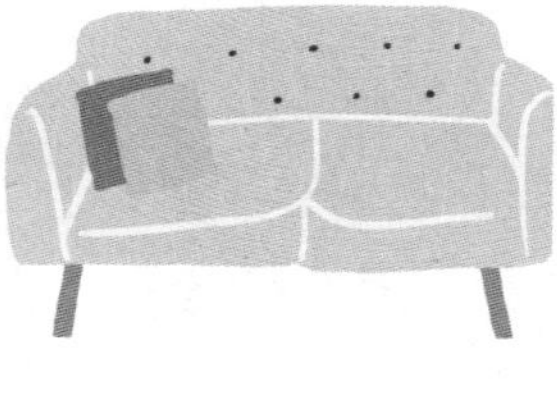

42 SEMANA

Quando falamos em restaurar a dignidade, precisamos retornar à origem: fomos criadas à imagem e semelhança de Deus (Gênesis 1:27). Essa verdade é o alicerce da nossa identidade. Mesmo que o pecado tenha corrompido essa imagem, ela não foi destruída — apenas distorcida. E, por meio de Cristo, ela está sendo restaurada diariamente em nós.

A vergonha nos diz que somos defeituosos. Deus nos lembra que somos sua obra-prima. Efésios 2:10 declara: "Pois somos feitura dele, criadas em Cristo Jesus para boas obras." A palavra grega usada para "feitura" é poiēma, que também pode ser traduzida como "poema" ou "obra de arte". Em outras palavras, fomos criados com intenção, beleza e valor.

A psicologia cristã entende que a cura da vergonha passa pela restauração do senso de identidade e valor pessoal. Quando aceitamos que somos imagem de Deus, reconhecemos que há algo sagrado em nós — mesmo em meio às falhas. Isso muda nossa forma de olhar para o espelho, para a vida e para as relações.

Jesus, o Filho perfeito, veio nos revelar quem somos aos olhos do Pai. Ele nos trata com dignidade, mesmo quando não nos sentimos dignos. Em Marcos 5, uma mulher que sofria há doze anos toca o manto de Jesus. Em vez de repreendê-la, Ele a chama de "filha" (v.34). Essa palavra restaurou mais do que a saúde — restaurou a identidade.

Restaurar a imagem de Deus em nós não é obra da força de vontade, mas do Espírito. 2 Coríntios 3:18 afirma que, contemplando o Senhor, "somos transformados de glória em glória". Quanto mais olhamos para ele, mais nos reconhecemos como ele nos vê. O reflexo de Cristo nos revela quem realmente somos.

A restauração da dignidade é uma jornada. Não acontece da noite para o dia, mas a cada passo de fé. A cada mentira desmontada, uma nova verdade se ergue. E, no processo, a imagem de Deus em você brilha cada vez mais forte — não porque você é perfeito, mas porque você é profundamente amado e continuamente transformado.

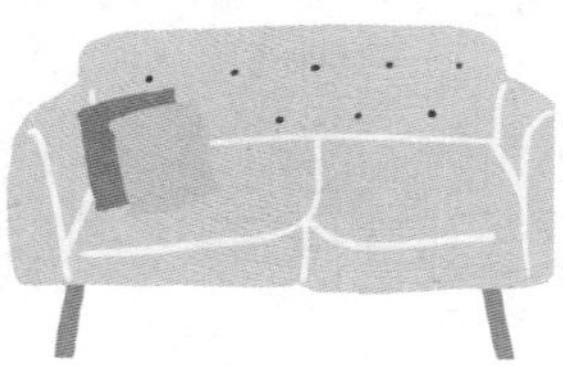

EXERCÍCIO
PRÁTICO DA SEMANA

- Escreva um texto sobre como você se vê — depois, reescreva esse texto como se fosse Deus descrevendo você.
- Medite em Efésios 2:10 e declare diariamente: "Sou obra-prima de Deus."
- Escolha uma área em que a vergonha distorce sua identidade (corpo, passado, voz, história) e declare sobre ela a verdade da Palavra.
- Passe um tempo em adoração, pedindo ao Espírito Santo que revele sua verdadeira identidade em Cristo.

43 SEMANA

A vulnerabilidade é muitas vezes confundida com fraqueza, mas, na verdade, é a ponte para conexões reais, crescimento e cura. Assumir nossas fragilidades não nos diminui — nos humaniza. E é nesse espaço de sinceridade que a dignidade restaurada encontra morada. Não precisamos esconder as cicatrizes para sermos dignos; elas são sinais de que sobrevivemos, de que seguimos, de que fomos encontrados pela graça.

Jesus foi vulnerável. Ele chorou, se angustiou, sentiu sede, foi traído, teve medo. Ele não disfarçou sua humanidade, mas a assumiu para nos redimir por inteiro. A cruz foi o ápice de sua vulnerabilidade — e também o lugar da maior dignidade. Porque ali ele demonstrou o amor mais puro, aquele que se entrega sem reservas.

Brené Brown defende que "vulnerabilidade não é ganhar ou perder; é ter a coragem de se expor mesmo sem garantias". No contexto da fé, a vulnerabilidade é uma entrega confiante a um Deus que não nos rejeita por sermos humanos, mas nos acolhe exatamente como somos. A vergonha diz: "Seja perfeito para ser amado". Deus diz: "Você é amado, mesmo imperfeito".

A dignidade que recebemos de Deus não se baseia em aparência, conquistas ou perfeição. Ela é inerente à nossa criação e reafirmada pela redenção. Por isso, podemos viver com coragem: coragem para pedir ajuda, para dizer "não sei", para admitir que estamos cansados. A vulnerabilidade, nesse contexto, é uma forma de liberdade.

O apóstolo Paulo entendeu isso profundamente. Em 2 Coríntios 12:9, ele relata que Deus lhe disse: "Minha graça é suficiente para você, pois o meu poder se aperfeiçoa na fraqueza". E ele conclui: "Portanto, eu me gloriarei ainda mais alegremente em minhas fraquezas, para que o poder de Cristo repouse em mim." Vulnerabilidade, aqui, é espaço para a manifestação da força divina.

Ser vulnerável não é ser fraco — é ser verdadeiro. E, diante de Deus, essa verdade é o solo onde floresce a dignidade restaurada. Ele não exige máscaras; ele acolhe corações rendidos. E é nessa entrega que somos, paradoxalmente, fortalecidos.

EXERCÍCIO
PRÁTICO DA SEMANA

- Identifique uma área em que você tem medo de mostrar sua vulnerabilidade. Reflita sobre o porquê.
- Compartilhe algo pessoal com alguém de confiança, permitindo-se ser ouvido sem julgamento.
- Medite em 2 Coríntios 12:9-10. O que esses versículos revelam sobre força e fraqueza?
- Escreva uma oração assumindo sua vulnerabilidade diante de Deus e entregando a ele suas limitações.

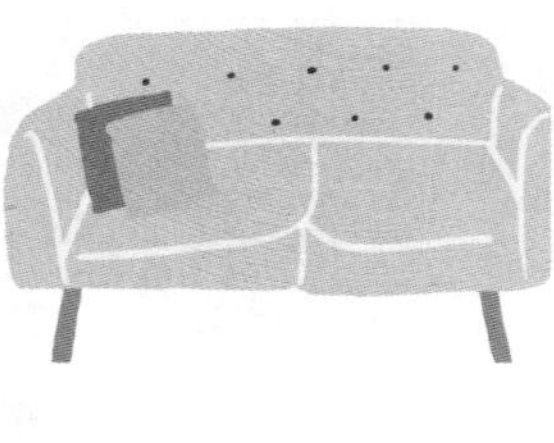

44 SEMANA

VIVENDO COM OUSADIA A PARTIR DA IDENTIDADE RESTAURADA

A vergonha limita, a graça liberta. Quando compreendemos que nossa identidade foi restaurada em Cristo, somos capacitados a viver com ousadia. Ousadia para sonhar, para testemunhar, para liderar, para ser quem Deus nos criou para ser. Essa ousadia não é arrogância, mas confiança fundamentada em quem ele é e no que ele fez por nós.

Em Atos 4:13, os líderes religiosos ficaram admirados com a ousadia de Pedro e João, pois sabiam que eram homens simples e sem instrução formal. Mas eles também reconheceram: "tinham estado com Jesus." A ousadia deles não vinha do currículo, mas da intimidade com o Salvador. E é essa intimidade que nos fortalece hoje.

A dignidade restaurada não nos leva a nos esconder, mas a nos posicionar. Muitas mulheres de fé foram ousadas: Ester enfrentou um rei para salvar seu povo; Maria disse "sim" ao plano de Deus mesmo sem garantias; a mulher do fluxo de sangue se arriscou entre a multidão para tocar Jesus. Todas foram movidas por uma identidade ancorada em Deus, não no medo.

Brené Brown ressalta que "a coragem começa com aparecer e deixar-se ver." Viver com ousadia é justamente isso: não se esconder, não se diminuir, não viver pela expectativa dos outros. É viver a verdade de que somos filhos amados, chamados e capacitados para obras boas. E, se cairmos, temos um Pai que nos levanta com graça.

Paulo exorta Timóteo a não se envergonhar do evangelho, mas a participar dos sofrimentos como bom soldado (2 Timóteo 1:8). A ousadia cristã é também disposição para carregar a cruz, para amar quando é difícil, para continuar quando é incerto. Mas ela é sempre movida por fé, não por medo.

Viver com ousadia é viver com o coração firmado na graça. É sair do esconderijo da vergonha e caminhar na luz da dignidade restaurada. Em Cristo, você é livre para ser inteiro, corajoso e cheio de fé. Você não precisa mais se encolher. Levante-se — e caminhe com ousadia no propósito que Deus te confiou.

EXERCÍCIO
PRÁTICO DA SEMANA

- Escreva uma área da sua vida onde você sente que Deus está te chamando para viver com mais ousadia.
- Medite em Atos 4:13 e ore pedindo a Deus que fortaleça sua coragem.
- Dê um passo concreto nessa direção: compartilhe sua história, inicie um projeto, estenda perdão, declare sua fé.
- Crie um lembrete visual (versículo, frase ou símbolo) que represente sua identidade restaurada.

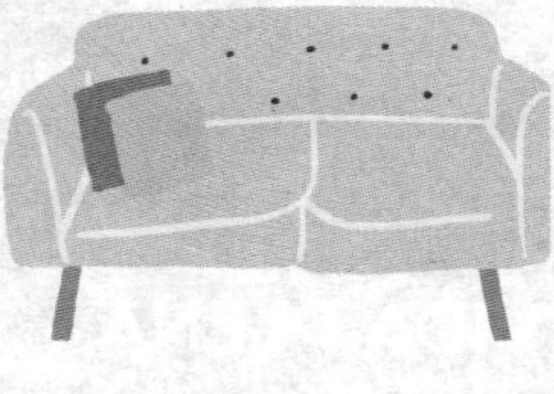

12
MÊS

PROPÓSITO, CHAMADO E VIDA PLENA

45 SEMANA

O ANSEIO POR UM PROPÓSITO E O CHAMADO DIVINO

Toda alma anseia por um sentido. Em algum momento, todos nós já nos perguntamos: "Por que estou aqui? O que devo fazer com minha vida?" Esse anseio por propósito é parte da nossa criação — Deus nos formou com intencionalidade. Em Efésios 2:10, lemos que fomos "criação de Deus realizada em Cristo Jesus para fazermos boas obras, as quais Deus preparou antes para nós as praticarmos." Há uma missão única para cada um de nós.

Propósito não é sinônimo de visibilidade ou de algo grandioso aos olhos humanos. Ele está mais ligado à fidelidade do que à fama. Está no servir com amor, no viver com integridade, no refletir Cristo em cada esfera da vida. Chamado não é só para pastores ou missionários — é para todos os filhos de Deus.

A escritora Elisabeth Elliot disse certa vez: "A vontade de Deus é sempre mais profunda do que apenas um lugar geográfico — é uma atitude do coração." Isso nos lembra que viver o propósito não começa com grandes decisões, mas com pequenos passos de obediência diária.

Na Bíblia, vemos Deus chamando pessoas comuns para propósitos extraordinários. Moisés era gago. Gideão se via como o menor da sua casa. Maria era uma jovem simples. Pedro era impulsivo. Ainda assim, todos foram chamados — e usados poderosamente. O chamado não depende das nossas habilidades, mas da nossa disposição.

A psicologia também reconhece que a sensação de propósito impacta diretamente nossa saúde mental, aumentando o bem-estar e diminuindo a ansiedade. Quando vivemos com consciência do chamado, nossa vida ganha direção. Não significa ausência de lutas, mas presença de significado.

Você tem um propósito. Deus não te criou por acaso, nem te deixou sem direção. Ele tem um plano — e está te convidando a participar. Dê um passo de fé e comece a caminhar em direção ao seu chamado. Ele será fiel para te conduzir.

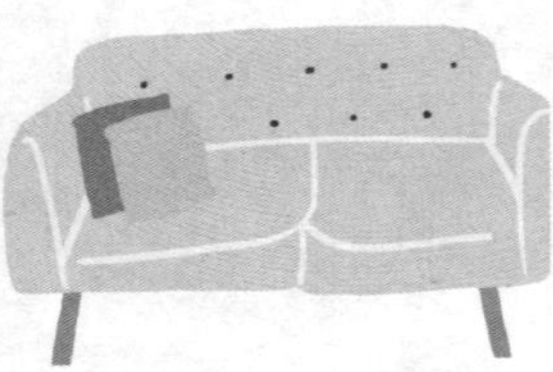

EXERCÍCIO
PRÁTICO DA SEMANA

- Escreva quais são suas paixões, habilidades e experiências marcantes. Peça ao Espírito Santo para revelar como ele deseja usar cada uma.
- Medite em Efésios 2:10 e anote o que esse versículo diz sobre sua identidade e missão.
- Identifique áreas do seu cotidiano onde você pode servir com amor e excelência, como expressão do seu chamado.
- Ore com sinceridade: “Senhor, mostra-me onde e como o Senhor quer me usar hoje.”

DESCOBRINDO SEU CHAMADO NA JORNADA DA FÉ

46 SEMANA

Descobrir o chamado é um processo que exige escuta, entrega e disposição para seguir mesmo sem saber todos os detalhes. Deus, em sua sabedoria, não revela todo o plano de uma só vez. Ele nos guia passo a passo, como fez com Abraão: "Saia da sua terra, do meio dos seus parentes e da casa de seu pai, e vá para a terra que eu lhe mostrarei." (Gênesis 12:1). É na caminhada de fé que o chamado se revela.

Muitos pensam que o chamado é algo extraordinário e distante, mas, na maioria das vezes, ele começa com o que está diante de nós: uma pessoa para amar, uma necessidade para suprir, uma porta que se abre. Como disse Rick Warren, "o propósito de Deus para sua vida é maior que seus problemas, sua dor e até seus próprios planos."

É importante lembrar que o chamado pode se desenvolver por fases. Uma estação de cuidado com os filhos, outra de ministério ativo, outra de estudos, outra de escuta e silêncio. O importante é estar sensível ao mover de Deus e disposto a obedecer. A fidelidade no pouco prepara o coração para o muito.

A história de Rute nos ensina muito sobre isso. Ela não teve uma "revelação" divina, mas escolheu permanecer fiel a Noemi, mesmo em meio à dor. E foi ali, no cotidiano, que Deus a conduziu ao seu propósito. Às vezes, o chamado se revela quando fazemos o bem no lugar em que estamos.

A psicologia aponta que pessoas que se percebem em missão vivem com mais resiliência e clareza. Isso se alinha com a espiritualidade cristã, que entende que a vida plena não é apenas uma vida de prazer, mas de propósito. Quando sabemos por que fazemos o que fazemos, suportamos melhor os desafios.

O chamado não é uma fórmula pronta, mas uma jornada de fé. Cada sim, cada renúncia, cada ato de obediência nos aproxima do propósito eterno. E nessa jornada, o maior chamado é sempre amar a Deus e ao próximo *— com tudo o que somos e temos.*

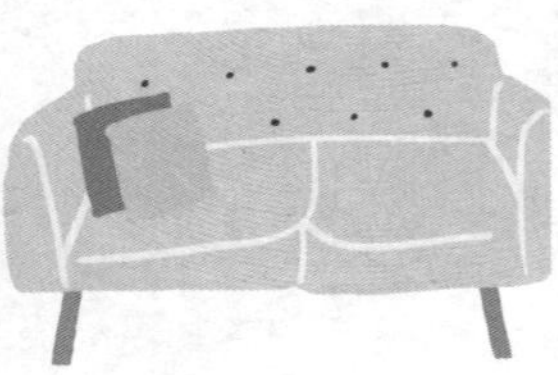

EXERCÍCIO
PRÁTICO DA SEMANA

- Reflita sobre onde Deus já te colocou: quais oportunidades, pessoas e desafios estão ao seu redor hoje?
- Ore pedindo clareza e sensibilidade para perceber os pequenos começos do chamado.
- Leia Gênesis 12:1-4 e Rute 1. O que esses textos dizem sobre confiar na direção de Deus?
- Escreva um compromisso pessoal de seguir a Deus mesmo sem saber todos os passos.

SERVINDO COM ALEGRIA E FIDELIDADE ONDE DEUS TE PLANTOU

47 SEMANA

Um dos maiores enganos que nos impedem de viver plenamente nosso propósito é esperar por um cenário ideal para começar a servir. Mas o chamado de Deus floresce no terreno da fidelidade diária. Onde você está agora — com os recursos, desafios e oportunidades que possui — já é um campo fértil para servir com alegria.

Jesus nos ensinou isso com clareza ao lavar os pés dos discípulos (João 13). Ele era o Mestre, o Senhor, o Filho de Deus. E mesmo assim, assumiu a posição mais humilde, servindo com amor. O serviço é o coração do chamado. Quando compreendemos isso, cada gesto ganha valor eterno: cozinhar, ouvir, ensinar, doar, encorajar — tudo se torna sagrado.

A parábola dos talentos (Mateus 25) nos mostra que Deus valoriza a fidelidade. O servo que multiplicou o pouco que recebeu foi chamado de "bom e fiel". Não importa se nosso campo de ação é grande ou pequeno; importa se somos fiéis com o que nos foi confiado.

A autora cristã Christine Caine afirma: "O anonimato é o campo de treinamento da fidelidade." Servir nos bastidores, sem aplausos, é uma escola espiritual. É ali que o caráter é forjado e a motivação é purificada. Deus vê — e recompensa com crescimento, maturidade e novas responsabilidades.

A psicologia também reconhece que servir gera sentido, combate o egoísmo e melhora nossa saúde emocional. Pessoas que se dedicam a algo maior que si mesmas vivem com mais alegria, conexão e propósito. Isso se confirma na prática da vida cristã: quando tiramos os olhos de nós mesmos e os colocamos nas necessidades dos outros, algo em nós é curado.

Servir com alegria onde Deus nos plantou é um ato de fé e amor. É reconhecer que cada dia é uma oportunidade de expressar o Reino, mesmo nas tarefas mais simples. O lugar onde você está não é acaso — *é propósito.* E quando você serve com fidelidade, Deus transforma o comum em extraordinário.

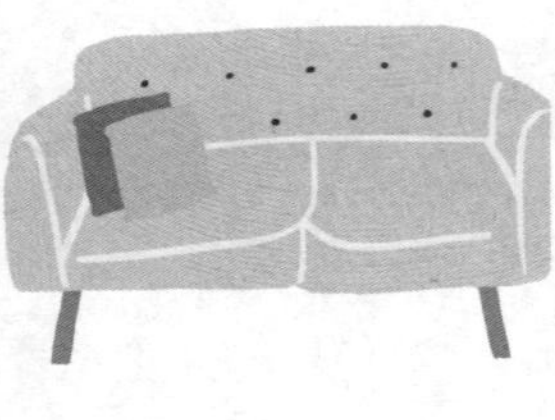

EXERCÍCIO
PRÁTICO DA SEMANA

- Liste formas práticas de servir com alegria na sua realidade atual (família, igreja, trabalho, vizinhança).
- Medite em João 13 e Mateus 25. O que esses textos te ensinam sobre serviço e fidelidade?
- Escolha um ato concreto de serviço para realizar nesta semana, mesmo que pequeno.
- Ore: "Senhor, ensina-me a servir como Tu serviste — com alegria, humildade e constância."

PLENITUDE DE VIDA NO CENTRO DA VONTADE DE DEUS

48 SEMANA

Viver com propósito não é apenas saber para onde ir, mas experimentar a plenitude de estar onde Deus quer que estejamos. É nesse lugar — o centro da vontade de Deus — que encontramos paz, realização e abundância verdadeira. A plenitude de vida não está na ausência de lutas, mas na presença do sentido eterno em cada passo da caminhada.

Jesus declarou: "Eu vim para que tenham vida, e a tenham em abundância" (João 10:10). Essa abundância não é medida por conquistas externas, mas por um coração cheio de fé, esperança e amor. É fruto de uma alma conectada com o Criador e comprometida com o propósito para o qual foi criada.

A plenitude se manifesta quando alinhamos nossos desejos ao querer de Deus, e vivemos com contentamento mesmo em fases desafiadoras. Paulo, preso, escreveu: "Aprendi a viver contente em toda e qualquer situação" (Filipenses 4:11). Essa é a maturidade de quem vive não pelas circunstâncias, mas pela presença.

A psicologia positiva aponta que um dos pilares da felicidade é o engajamento — quando nos envolvemos com aquilo que acreditamos, usando nossos dons e vivendo valores consistentes. Isso se alinha perfeitamente à visão bíblica de que somos chamados a viver "para a glória de Deus" (1 Coríntios 10:31), em todas as áreas da vida.

Plenitude é viver de forma integrada: coração, mente, corpo e espírito voltados para um mesmo fim. Não se trata de perfeição, mas de propósito. É estar presente, inteiro, e ciente de que Deus nos sustenta e nos conduz. É viver com leveza, sabendo que não precisamos provar nada a ninguém — *apenas seguir a voz do Pai.*

Viver em plenitude é viver com propósito, coragem e fé. É confiar que Deus está guiando cada detalhe, e que, mesmo nos dias comuns, há eternidade se revelando. Você foi criado para isso — para viver com sentido, com alegria e com a certeza de que está exatamente onde deveria estar: no centro da vontade de Deus.

EXERCÍCIO
PRÁTICO DA SEMANA

- Reflita sobre áreas da sua vida em que você sente plenitude. O que as torna especiais?
- Escreva uma oração de gratidão pelas pequenas e grandes manifestações da presença de Deus em sua caminhada.
- Leia João 10:10 e Filipenses 4:11-13. O que esses textos ensinam sobre contentamento e abundância?
- Faça um planejamento simples com atitudes práticas que te ajudem a viver de forma mais plena e intencional.

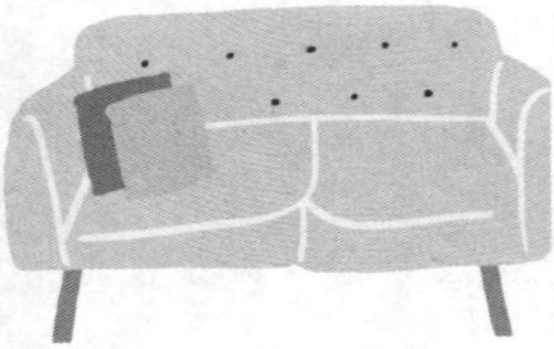

CONCLUSÃO

Ao longo dessas páginas, percorremos juntos um caminho de reflexão, cura e transformação. A proposta deste livro não foi oferecer fórmulas prontas, mas criar um espaço de encontro — com Deus, com nossas dores, com nossas verdades e com nossa esperança. Cada capítulo foi como uma sessão de terapia espiritual, onde a alma pode respirar, chorar, descansar e se fortalecer à luz do evangelho.

A vida cristã não elimina os conflitos, mas nos oferece recursos eternos para enfrentá-los com fé. Em um mundo que nos pressiona a sermos fortes o tempo todo, Jesus nos convida à vulnerabilidade curativa, à graça restauradora e à identidade fundamentada no amor. Ele é o nosso terapeuta fiel — que escuta sem julgar, corrige sem ferir e cura com ternura.

A fé não nos torna imunes às dores, mas nos torna íntimos de um Deus que caminha conosco no meio delas. Em Cristo, aprendemos a lidar com a ansiedade sem perder a paz, com a solidão sem perder a esperança, com a culpa sem perder a dignidade. Aprendemos a transformar vergonha em coragem, luto em consolo, comparações em contentamento, rejeição em pertencimento.

Agora que esta jornada se completa, o convite é para que você continue. Continue mergulhando na Palavra. Continue cultivando o silêncio que ouve a voz do Espírito. Continue abrindo espaço para que o amor de Deus toque cada área da sua vida. E continue compartilhando essa graça com outros que, como você, estão em busca de cura e sentido.

Que este livro tenha sido um sussurro da voz do Pai ao seu coração. Que ele tenha despertado sua coragem de viver de forma plena, verdadeira e intencional. Que você se lembre, em cada nova estação, que Deus é por você — e com você — em todos os momentos.

Você é amado. Você é chamado. Você é restaurado. E sua história, escrita com a tinta da graça, ainda tem muitos capítulos de vida e transformação pela frente.

MATERIAL EXTRA:

EXERCÍCIOS PARA

AUTOCONHECIMENTO

Este material adicional tem como objetivo oferecer práticas terapêuticas simples, baseadas na terapia comportamental e na psicologia cognitivo-comportamental (TCC), para promover o autoconhecimento, o equilíbrio emocional e o fortalecimento da identidade pessoal.

01 REGISTRO DE PENSAMENTOS AUTOMÁTICOS

OBJETIVO: IDENTIFICAR PADRÕES DE PENSAMENTO NEGATIVOS.

Situação: Descreva o que aconteceu.

Emoção: Que sentimentos você experimentou?

Pensamento automático: O que passou pela sua mente?

Evidências a favor e contra: O que confirma ou desafia esse pensamento?

Reestruturação: Que pensamento alternativo mais realista você pode adotar?

02 DIÁRIO DE GRATIDÃO E REALIZAÇÕES

OBJETIVO: DESENVOLVER PERCEPÇÃO POSITIVA DE SI MESMO E DA VIDA.

- **Anote 3 coisas pelas quais você é grato hoje.**
- **Escreva uma conquista pessoal (por menor que seja).**
- **Reconheça um esforço que você fez e que merece ser valorizado.**

03 ANÁLISE DE CICLO DE EMOÇÕES

OBJETIVO: COMPREENDER OS GATILHOS EMOCIONAIS E OS COMPORTAMENTOS ASSOCIADOS.

Situação → Emoção → Pensamento → Ação

Pergunta: O que posso mudar nesse ciclo para obter um resultado mais saudável?

04 VALORES PESSOAIS E VIDA COM SENTIDO

OBJETIVO: ALINHAR AÇÕES COM OS VALORES CENTRAIS.

- **Liste seus 5 principais valores (ex.: fé, família, justiça, crescimento, compaixão).**
- **Reflita: Minhas atitudes diárias estão alinhadas com esses valores?**
- **Ajuste metas e prioridades para refletirem esses valores.**

05 TÉCNICA DO ESPAÇO SEGURO (VISUALIZAÇÃO GUIADA)

OBJETIVO: CRIAR UM RECURSO INTERNO DE SEGURANÇA EMOCIONAL.

- **Feche os olhos, respire fundo e visualize um lugar onde você se sinta totalmente seguro.**
- **Detalhe sons, aromas, temperatura e sensações.**
- **Use essa imagem mental como refúgio em momentos de ansiedade ou tristeza.**

06 LINHA DO TEMPO PESSOAL

OBJETIVO: IDENTIFICAR EVENTOS MARCANTES E PADRÕES DE CRESCIMENTO.

- **Divida uma folha em linha do tempo com fases da sua vida.**
- **Marque eventos positivos, difíceis e de transformação.**
- **Reflita sobre o que cada fase te ensinou.**

UTILIZE A PRÓXIMA PÁGINA PARA REALIZAR A ATIVIDADE

07 EXERCÍCIO DE ACEITAÇÃO E AUTOCOMPAIXÃO

OBJETIVO: ACOLHER LIMITAÇÕES SEM SE JULGAR.

- Complete a frase: "Eu me aceito mesmo quando..."
- Repita: "Sou humano, estou em processo, e isso é suficiente por hoje."

ESSES EXERCÍCIOS PODEM SER UTILIZADOS AO LONGO DO ANO, COMO COMPLEMENTO À LEITURA DO LIVRO, OU INCORPORADOS EM MOMENTOS DEVOCIONAIS.

LEMBRE-SE:

AUTOCONHECIMENTO É UMA JORNADA, E DEUS CAMINHA COM VOCÊ EM CADA PASSO.